ORDONNANCE DU ROI,

Portant Règlement fur le fervice de l'Infanterie en Campagne.

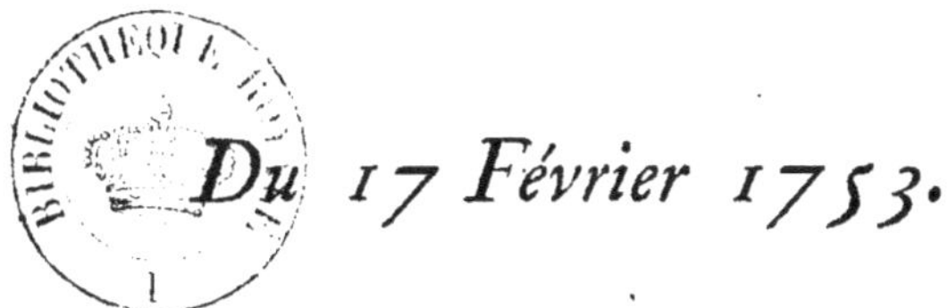

Du 17 Février 1753.

A PARIS,
DE L'IMPRIMERIE ROYALE.

M. DCCLIII.

TABLE

Des Titres contenus en l'ordonnance du Roi du 17 février 1753, portant règlement sur le service de l'Infanterie en Campagne.

ORDONNANCE

ORDONNANCE
DU ROI,

Portant Règlement sur le service de l'Infanterie en Campagne.

Du 17 Février 1753.

DE PAR LE ROI.

SA MAJESTÉ voulant établir l'uniformité dans le service que ses Troupes doivent faire en campagne, comme Elle l'a fait pour le service dans les Places, par son ordonnance du 25 juin 1750; Elle a ordonné & ordonne ce qui suit :

DU CAMPEMENT.

ARTICLE PREMIER.

LES régimens devant avoir en tout temps des tentes, des manteaux d'armes, des outils & des marmites, les Colonels auront soin que chaque compagnie en soit pourvûe; & ils en rendront compte aux Inspecteurs lors de leurs revûes.

A

I I.

IL y aura cinq tentes par compagnie de Fufiliers de quarante hommes, & fix tentes par chaque compagnie de Grenadiers de quarante-cinq hommes ; & lorfque les compagnies feront entretenues fur un pied plus fort, le nombre des tentes fera augmenté à proportion.

I I I.

LES tentes feront d'une bonne toile, leur hauteur fera de cinq pieds huit pouces, ayant par le bas fur le devant fix pieds fix pouces d'une encoignure à l'autre, pour que la porte puiffe croifer de fix pouces ; & chaque côté aura fix pieds neuf pouces de longueur, non compris le cul-de-lampe qui aura dix pieds fix pouces de tour par le bas, de manière que la profondeur, depuis la fourche de l'entrée jufqu'au fond du cul-de-lampe, fera de dix pieds quatre pouces.

I V.

IL y aura un manteau d'armes par compagnie, & un de plus par bataillon pour le piquet, lefquels feront de treillis ou de coutil.

V.

LE manteau d'armes de chaque compagnie aura fix pieds de haut, un pied neuf pouces de rondeur dans la partie fupérieure, & dix-neuf pieds de circonférence par le bas, dont deux pour croifer à l'endroit de l'ouverture.

V I.

LE manteau d'armes du piquet fera fait en manfarde, de la même hauteur de fix pieds ; le toit aura deux pieds des deux côtés, fur un pied de pente, & pour tendre le manteau on formera un chevalet de deux mâts joints par deux travers, dont l'un fera pofé au haut des mâts, l'autre aura une cheville de fer à chaque bout pour entrer dans les deux mâts, qui font percés à la hauteur de quatre pieds pour les recevoir : les armes du piquet feront appuyées des deux côtés de ce travers.

V I I.

LES tentes & manteaux d'armes feront marqués en

caractères noirs du nom du régiment & du numero de
la compagnie, qui étant une fois établi pour chacune
d'elles, ne sera plus changé, quelque rang qu'elle prenne
par la suite dans le régiment.

V I I I.

IL y aura un cordeau par bataillon pour marquer le *Cordeaux.*
front du camp, & un autre pour en marquer la profondeur : ces cordeaux, dont la longueur sera proportionnée
au nombre & à la force des compagnies de chaque bataillon, seront divisés par toises & demi-toises, & désigne-
ront de plus les endroits où les fourches des tentes devront
être placées.

I X.

LA première & la dernière tente de chaque compagnie
feront face en dehors à la tête & à la queue du camp.

Les autres tentes de la compagnie de Grenadiers, & de
la compagnie qui campera sur l'autre flanc du bataillon,
feront face en dehors à droite & à gauche.

Celles des autres compagnies feront adossées les unes
aux autres, de manière qu'elles formeront alternativement
une grande & une petite rue.

X.

LA place de la fourche de la première tente de la
compagnie des Grenadiers, sera marquée un pas ou trois
pieds en dedans de l'extrémité du cordeau du front du
camp; celle de la compagnie d'après, à trois pas ou neuf
pieds de distance de la première; la troisième à huit pas
ou vingt-quatre pieds de la seconde, & ainsi des autres
alternativement : de manière que l'espace entre les tentes
de deux compagnies qui se feront face, formera une
grande rue de dix-huit pieds de large ; & celui d'entre
deux compagnies adossées, une petite rue de trois pieds
seulement, où il sera pratiqué une rigole pour l'écoule-
ment des eaux.

X I.

LE cordeau qui devra marquer la profondeur du camp,
sera placé perpendiculairement à celui du front du

bataillon, fur l'alignement que la compagnie des Grena-diers devra former.

X I I.

La place de la fourche de la feconde tente y fera marquée à quatre pas ou douze pieds du cordeau du front du camp ; & celles des autres fucceffivement, de trois en trois pas, ou de neuf pieds en neuf pieds, jufqu'à la dernière tente qui devra faire face à la queue du camp, comme il eft marqué ci-deffus.

Les autres compagnies s'aligneront fur celle des Gre-nadiers, obfervant que la fourche de la feconde tente foit pofée trois pieds en avant de celle de la première tente, du côté où la compagnie devra faire face.

X I I I.

Outils. Il y aura huit outils par compagnie ; favoir, deux pelles, deux pioches, deux ferpes & deux haches.

X I V.

La pelle aura fept pouces quatre lignes de hauteur fur fix pouces neuf lignes de largeur par le haut, & cinq pouces fix lignes au tranchant ; la douille fera de trois pouces fix lignes, & le manche depuis la douille jufqu'à fon extrémité, aura un pied onze pouces.

X V.

La pioche aura neuf pouces fix lignes de longueur, & deux pouces fix lignes de largeur du côté du tranchant, & le manche fera de deux pieds trois pouces quatre lignes.

X V I.

La ferpe aura huit pouces fept lignes de longueur, trois pouces de largeur par le bout, & deux pouces deux lignes du côté du manche qui aura quatre pouces neuf lignes.

X V I I.

La tête de la hache aura deux pouces en tout fens, la diftance de la tête au taillant fera de fept pouces deux lignes, & la largeur du taillant de trois pouces dix lignes, le manche non compris ; la tête aura un pied dix pouces.

XVIII.

X V I I I.

L'ÉPAISSEUR de ces outils fera proportionnée à leur longueur, & telle que fans être trop pefans ils aient la force convenable à l'ufage auquel ils font deftinés.

X I X.

CES outils feront contenus dans des étuis de peau de vache non noircie, fermant chacun à deux boucles, & attachés à une courroie large d'un pouce.

X X.

ILS feront portés dans les marches par les Soldats des compagnies, qui en feront chargés tour à tour.

X X I.

QUAND les régimens auront reçû ordre de camper, *Vifite du Major.* les Majors en feront une vifite particulière, pour s'affurer que les Soldats ne manqueront d'aucunes des chofes qui leur feront néceffaires à cet effet.

X X I I.

ILS auront foin que les Soldats des compagnies foient diftribués par chambrées qui devront occuper la même tente, de manière que chaque chambrée foit compofée d'anciens & de nouveaux Soldats qui fourniront également au fervice; & qu'elle foit pourvûe d'une marmite, d'une gamelle, & d'un baril ou bidon, ainfi que des fourches, travers & piquets néceffaires pour dreffer la tente.

X X I I I.

LORSQU'UN régiment arrivera dans le lieu le plus *Avis de l'arrivée.* à portée de celui où il devra camper, l'Officier qui commandera ledit régiment donnera avis de fon arrivée au Général de l'armée, ou autre Commandant du camp, & le Major en informera le Major général & l'Intendant.

X X I V.

LE Commandant du régiment qui devra camper, fera *Détachement* partir à l'avance pour aller au campement, un Officier *pour aller mar-* major par régiment, & trois Sergens avec autant de *quer le camp.* Caporaux par bataillon.

X X V.

CES Sergens feront munis des cordeaux néceffaires pour marquer le camp, & les Caporaux fe pourvoiront de fiches.

X X V I.

IL fera commandé pour marcher avec les campemens, un Capitaine & deux Lieutenans par régiment, jufqu'à ce que les brigades foient formées; & lorfqu'elles le feront, il ne marchera que le même nombre d'Officiers par brigade.

X X V I I.

AUCUN autre que les Officiers, Sergens & Caporaux ci-deffus défignés, n'ira au campement, à moins d'un ordre contraire.

X X V I I I.

Diftribution du terrein.

QUAND l'alignement du camp aura été réglé fur des points de vûe donnés, & que celui de l'aîle droite, ou de l'aîle gauche de la Cavalerie (felon le côté par lequel on commencera) aura été marqué, on marquera le camp de l'Infanterie, en laiffant au moins cinquante pas d'intervalle entre l'un & l'autre.

X X I X.

LE Major général diftribuera enfuite aux Majors de brigade, le terrein qui lui aura été défigné, & ceux-ci le diftribueront à chaque bataillon.

X X X.

LES Majors s'aligneront fur l'aîle de la Cavalerie qui aura été marquée, à moins qu'il ne fallût faire un coude, dont on feroit convenu, & ils laifferont vingt pas d'intervalle entre le camp de chaque bataillon.

X X X I.

LES camps des bataillons d'un même régiment ou d'une même brigade, feront marqués dans le même ordre qu'ils devront être en bataille.

X X X I I.

Place des faifceaux.

LA place des faifceaux d'armes fera marquée à dix pas, ou cinq toifes en avant du front de bandière, chacun dans l'alignement de la première tente de sa compagnie.

XXXIII.

LES places des cuisines seront à dix pas du fond des *Des cuisines.*
bataillons.

XXXIV.

CELLES des tentes, des tambours & des vivandiers, *Des tentes.*
à dix pas des cuisines.

XXXV.

CELLES des tentes des Officiers subalternes, à quinze
pas de celles des vivandiers; & celles des Capitaines, à
vingt pas de celles des subalternes.

XXXVI.

A l'égard des tentes des Officiers supérieurs des régimens, elles seront vingt-cinq pas en arrière de celles des
Capitaines; savoir, celle du Colonel, vis-à-vis le centre
du régiment qu'il commande, de manière cependant qu'il
ne se trouve pas vis-à-vis l'intervalle qui doit être entre
chaque bataillon; celle du Lieutenant-colonel, vis-à-vis le
centre du premier bataillon; celles des Commandans de
bataillon, vis-à-vis le centre de leurs bataillons; celle du
Major, à la gauche, & un peu en arrière de celle du
Colonel; & celles des Aide-majors, à la gauche, & aussi
en arrière de celle du Commandant de leur bataillon.

XXXVII.

LES portes de toutes ces tentes seront tournées du
côté du camp; & l'Officier major qui le fera marquer,
aura attention qu'il soit mis des fiches pour les aligner,
autant qu'il sera possible, ainsi que les cuisines, sur les
tentes des compagnies, sans souffrir qu'il en soit tendu
aucune vis-à-vis des intervalles des bataillons.

XXXVIII.

LES chapelles seront placées vis-à-vis le centre du *Des chapelles.*
régiment, près de la garde du camp, soit en première
ou en seconde ligne, & il y sera mis un sentinelle pris
de cette garde.

XXXIX.

QUAND on se trouvera obligé de resserrer le camp, *Resserrer le camp.*

on ne donnera que quinze pas pour l'intervalle d'un bataillon à l'autre, & on diminuera l'efpace des grandes rues, celui des petites rues ne devant jamais être changé.

X L.

DANS le cas où on refferrera le camp, il fera permis aux Capitaines de camper fur deux lignes, quand par l'étendue de leurs tentes ils ne pourront pas camper fur une ; & alors l'Etat-major reculera fes tentes à proportion, fans que les Commandans des régimens & bataillons puiffent faire déplacer celles des Capitaines, quand elles feront ainfi doublées.

X L I.

Paffage par les grands intervalles.

LE camp étant marqué, les Sergens & Caporaux de campement empêcheront que les troupes & les équipages ne paffent ailleurs que dans les grands intervalles.

X L I I.

Logement des Brigadiers & des Majors de Brigade.

LORSQUE les marqueurs de l'armée auront marqué les maifons qui devront être occupées dans le voifinage du camp, s'il en refte dans le terrein d'une brigade qui n'aient point été marquées par eux, il fera permis au Brigadier & au Major de la Brigade d'y loger ; mais au défaut de maifons dans ledit terrein, ces Officiers feront obligés de camper à la queue de leur brigade.

X L I I I.

POUR éviter toute difficulté fur la fixation du terrein de chaque brigade, fa largeur fera comptée, à l'égard de celles qui feront campées en première ligne, depuis l'alignement de l'encoignure de la première tente de la droite, jufqu'à celui de la première tente de la brigade fuivante, & en profondeur depuis la hauteur de la garde de la tête du camp, jufqu'à quatre-vingts toifes en arrière du front de bandière.

• Quant aux brigades de la feconde ligne, leur terrein s'étendra fur la même largeur, depuis leur front de bandière, jufqu'à deux cens toifes en arrière.

X L I V.

Défenfes aux Officiers de loger.

AUCUN des Officiers à qui il eft ordonné de camper, ne

ne pourra, fous quelque prétexte que ce foit, s'établir, ni mettre fes chevaux, domeftiques & équipages dans une maifon voifine du camp.

X L V.

LES Majors de brigade feront tenus d'avertir le Brigadier & le Major général, des Officiers qui ne feront pas campés à leurs troupes, ou qui feront contrevenus à l'article ci-deffus; & celui-ci en rendra compte au Général de l'armée.

X L V I.

QUI que ce foit en aucun cas, ne pourra loger dans les églifes ou chapelles.

X L V I I.

LORSQUE l'on verra arriver la tête des troupes qui devront camper, l'Officier-major qui aura marqué le camp, fera partir les Officiers de campement; favoir, le Capitaine pour aller au devant du régiment ou de la brigade, le premier Lieutenant au devant des menus équipages, & le fecond Lieutenant au devant des gros équipages.

Conduite au camp.

X L V I I I.

CES Officiers s'informeront avant de partir, des chemins par lefquels les troupes & les équipages devront arriver, & de ceux par où ils devront les conduire au camp fans embarras.

DE L'ÉTABLISSEMENT
dans le Camp.

X L I X.

LES bataillons étant arrivés à la tête de leur camp, s'y mettront en bataille.

Arrivée au camp.

L.

UN Officier major fera aux Soldats les défenfes ordonnées.

L I.

IL enverra un Caporal de chaque compagnie pour

planter les faisceaux d'armes dans la place ci-dessus prescrite, où on aura attention qu'ils soient bien alignés.

L I I.

Il fera monter la garde du camp.

L I I I.

Il fera partir le Sergent & le Caporal qui doivent être d'ordonnance chez le Major général.

L I V.

Il enverra le Vaguemestre du régiment au Vaguemestre général de l'armée, pour se faire inscrire par lui sur l'état qu'il en doit tenir, ainsi qu'il est expliqué ci-après au titre des équipages.

L V.

Il tirera du piquet les détachemens commandés & les gardes des Officiers généraux, & en fera ensuite le remplacement.

L V I.

Pendant ces différentes opérations, le Commandant & les autres Officiers du bataillon empêcheront que personne ne quitte son poste & son rang.

L V I I.

Lorsque le Major de brigade ou de régiment aura reçû l'ordre de faire entrer la brigade ou le régiment dans son camp, il fera faire demi-tour à droite, présenter les armes, & marcher.

L V I I I.

Les Soldats ne se débanderont point jusqu'à ce que le dernier rang, qui par le demi-tour à droite sera devenu le premier, soit arrivé à l'alignement des faisceaux, où tous les Soldats remettront leurs fusils.

L I X.

Lorsque les Soldats entreront dans leur camp, les Enseignes ou autres Officiers chargés de porter les drapeaux, les planteront vis-à-vis le centre du bataillon, à deux toises l'un de l'autre, & à une égale distance du front de bandière aux faisceaux; le drapeau colonel sera fur la droite ou fur la gauche, felon que le régiment fera campé par la droite, ou à colonne renverfée.

L X.

LES Enfeignes ne quitteront point les drapeaux qu'il n'y ait été pofé un fentinelle, ce qui fera exécuté fur le champ par un Caporal de piquet.

L X I.

CE Caporal pofera pareillement deux autres fentinelles à la droite & à la gauche du front du bataillon.

L X I I.

CES trois fentinelles feront faction la bayonnette au bout du fufil.

L X I I I.

OUTRE la configne particulière qui fera donnée à celle du centre, de ne laiffer toucher perfonne aux drapeaux fans permiffion; il leur fera configné de plus en général, d'avoir la même attention pour les armes des faifceaux, & d'avertir fi-tôt qu'ils apercevront le Général de l'armée ou les Officiers généraux de jour, ou qu'ils découvriront de loin la moindre troupe.

L X I V.

ILS avertiront pareillement des defordres qui pourront arriver dans le camp, & des affemblées que les Soldats pourroient faire pour tenir des jeux; & ils arrêteront les Soldats chargés de hardes & uftenfiles qu'ils apporteroient de maraude.

L X V.

LE Capitaine de piquet vérifiera & renouvellera chaque jour les confignes de ces fentinelles.

L X V I.

LES Brigadiers & les Colonels ne quitteront point la tête du camp, qu'ils n'y aient vû entrer leur brigade ou régiment.

Entrée dans le camp.

L X V I I.

LES Officiers & Sergens feront tendre & aligner les tentes de leur compagnie.

LXVIII.

Detachement au bois & à la paille.

LORSQUE les troupes feront dans le camp, on affemblera deux ou trois hommes par chambrée, en vefte & bonnet, lefquels feront conduits en bon ordre au bois & à la paille, par des Officiers & Sergens commandés à cet effet.

LXIX.

SI le bois & la paille doivent être fournis au magafin, il s'y trouvera un Officier-major par régiment pour le recevoir, & en faire la diftribution par compagnie.

LXX.

SI les troupes doivent aller couper le bois dans les forêts & buiffons, & chercher la paille dans les villages, on commandera un Capitaine par brigade, avec un nombre de Fufiliers armés, pour conduire les Soldats aux lieux que les Majors indiqueront; & cette troupe qui fera chargée de les contenir & d'empêcher le defordre, les ramènera en faifant l'arrière garde.

LXXI.

LES Soldats feront conduits de même, toutes les fois qu'ils iront au bois, ou qu'on les fera changer de paille.

LXXII.

Propreté.

DÈS que les tentes feront tendues, les Officiers & Sergens feront balayer les rues & la tête du camp.

LXXIII.

Feu.

ILS empêcheront de faire du feu ailleurs qu'aux places marquées pour les cuifines.

LXXIV.

Communications.

LES Officiers majors feront faire diligemment les communications néceffaires, tant à leur droite qu'à leur gauche, en avant & en arrière, fans aucun égard au temps & à la fatigue; & s'il fe trouvoit devant le régiment un terrein inégal, ils le feront applanir jufqu'à trente pas au-delà des faifceaux.

LXXV.

LE terrein dont chaque bataillon fera chargé, contiendra depuis le front de la première tente des Grenadiers, jufqu'à jufqu'à celle de la compagnie campée à la droite du bataillon voifin, l'intervalle de l'un à l'autre étant cenfé faire partie de celui qui aura été diftribué au premier pour camper.

L X X V I.

ON fera creufer les latrines vingt pas en avant de la garde du camp, tant de la première que de la feconde ligne : on mettra un appui à la place où elles auront été marquées ; & tous les huit jours, on en fera de nou-velles, & on comblera les anciennes qu'on marquera avec un jalon. *Latrines.*

L X X V I I.

DANS les régimens où il y aura des Bouchers, les Majors leur indiqueront en même temps le terrein où ils devront fe placer, pour qu'ils ne caufent point d'in-fection dans le camp, & les obligeront d'enterrer les entrailles des beftiaux qu'ils tueront. *Boucheries.*

L X X V I I I.

ON commandera pour les premières corvées le nombre d'hommes néceffaires, fans y employer les Soldats de piquet ; & lorfqu'il y aura à la garde du camp, des Soldats arrêtés pour châtiment, on les obligera à faire les travaux du camp. *Corvées.*

L X X I X.

DEPUIS le moment où la troupe fera entrée dans le camp, jufqu'à celui où elle fera campée dans l'ordre où elle doit l'être, les Officiers majors feront tenus de refter à la tête du camp, fans pouvoir fe retirer que tout ce qui eft prefcrit ci-deffus n'ait été auparavant exécuté. *Attentions des Majors.*

L X X X.

LES Majors des régimens qui auront joint l'armée, donneront en arrivant, & enfuite tous les mois, au Major général, un état exact de la force du régiment & du nombre des Officiers préfens, auquel ils ajoûteront les noms & les grades des Officiers qui manqueront, les raifons de leur abfence, & les lieux où ils feront.

D

L X X X I.

Ils rendront compte au Major général de ce qu'il y aura à leur régiment de poudre, de balles & de pierres à fufil, pour qu'il leur en procure la quantité néceffaire.

DE LA GARDE DU CAMP.

L X X X I I.

Sa compofition. La garde du camp fera compofée d'un Sergent & d'un Tambour par bataillon, & d'un Soldat par compagnie.

L X X X I I I.

Sa place. Celles des bataillons de la première ligne feront placées cent trente pas en avant des faifceaux, au centre de chaque bataillon.

Et pour les bataillons de feconde ligne, cent trente pas en arrière des dernières tentes des Soldats defdits bataillons.

L X X X I V.

Temps de la monter. Cette garde fe montera tous les matins lorfqu'on battra l'affemblée, excepté les jours de marche.

L X X X V.

Les Soldats de cette garde arrivant à leur pofte, fe rangeront en haie, & poferont leurs armes à terre chacun devant foi.

L X X X V I.

Ils n'auront point de tente, & ne pourront quitter, non plus que le Sergent, ni pour aller manger, ni fous tel autre prétexte que ce foit.

L X X X V I I.

Prifonniers. Les prifonniers qui feront remis à cette garde, foit pour crime ou pour châtiment, feront confignés au Sergent, au Caporal & aux fentinelles qui en répondront aux peines portées par les Ordonnances; & les criminels feront liés & attachés à des piquets, & gardés à vûe.

L X X X V I I I.

Sentinelles. Les fentinelles de cette garde y feront faction le fufil fur l'épaule ; & lorfqu'il y aura des criminels à garder, ils le porteront fur le bras, la bayonnette au bout du fufil.

L X X X I X.

CETTE garde ne fournira d'autre fentinelle que devant fes armes, fi ce n'eft un feulement à la tente du Colonel ou autre Officier commandant le corps, lequel fentinelle fera fourni alternativement par les gardes de chaque bataillon du régiment.

X C.

DÈS que les gardes de la tête & de la queue du camp apercevront une troupe armée, elles prendront les armes & fe mettront en haie, faifant face au dehors du camp, & elles demeureront fous les armes jufqu'à ce que cette troupe foit paffée & éloignée de leur pofte.

Paffage de troupes.

X C I.

SI cette troupe marche tambour battant ou trompette fonnante, le Tambour de la garde battra aux champs.

X C I I.

LES Sergens des gardes du camp fe trouveront tous les foirs à l'ordre, & ils confieront en cette feule occafion, le foin de leur garde au Caporal.

Sergens à l'ordre.

X C I I I.

LE Tambour de la garde du camp battra la Diane au point du jour.

Diane.

X C I V.

LES jours de marche, l'ancienne garde du camp marchera immédiatement après la compagnie de Grenadiers.

Jours de marche.

X C V.

S'IL y a des prifonniers, le Sergent les fera mettre au centre.

X C V I.

LES criminels feront gardés par des Fufiliers, qui marcheront à côté d'eux, ayant le fufil fur le bras & la bayonnette au bout, & tenant de l'autre main le bout de la corde à laquelle ils feront attachés: le Caporal marchera derrière eux armé de même.

XCVII.

CETTE garde sera relevée à l'arrivée de la troupe au nouveau camp; & la nouvelle garde ne sera pas moins relevée le lendemain à l'heure accoûtumée, si la troupe ne doit pas marcher.

DU PIQUET.

XCVIII.

Sa formation.   LORSQU'UN bataillon partira de son dernier logement pour aller camper, il formera un piquet de quarante-huit Fusiliers & un Tambour, commandés par un Capitaine, un Lieutenant, un Lieutenant en second ou Sous-lieutenant (lorsqu'il plaira à Sa Majesté d'en entretenir dans toutes les compagnies) & deux Sergens.

XCIX.

Sa durée.   LES Officiers, Sergens & Caporaux de ce piquet, seront relevés tous les jours, à l'heure que l'on battra la retraite.

A l'égard des Fusiliers, on les remplacera à mesure qu'ils marcheront, ou on les relèvera quand ils auront été de piquet pendant deux fois vingt-quatre heures.

C.

Soldats commandés.   ON tirera du piquet jusqu'à la fin de la campagne, tous les Soldats qui seront commandés pour quelque service que ce soit, hors celui des travaux.

C I.

Remplacemens.   A mesure qu'on en tirera des détachemens, les Sergens & Caporaux qui y resteront, auront soin de les faire remplacer dans le moment, afin que le nombre de cinquante hommes soit toûjours complet, & toûjours prêt à marcher au premier ordre.

C I I.

Sentinelles.   LES Soldats de chaque piquet fourniront un sentinelle devant leurs armes, trois sentinelles au front du camp du bataillon, y compris celui pour les drapeaux, & les autres

sentinelles

fentinelles qu'il fera ordonné de placer derrière & fur les flancs du camp.

C I I I.

ON tirera auffi du piquet un fentinelle, qui fera jour & nuit à la tente de l'Officier-major chargé du détail du régiment, & un autre qui fera la nuit feulement à la tente du Lieutenant-colonel ou du Commandant du bataillon, lorfqu'ils ne commanderont pas le régiment.

C I V.

LES Officiers, Sergens, Caporaux & Soldats de piquet ne quitteront point le camp de leur bataillon, afin d'être toûjours prêts à prendre les armes quand on en aura befoin ; & pendant la nuit ils ne fe déshabilleront, & ne quitteront ni leurs ceinturons ni leurs épées.

Demeure dans le camp.

C V.

LES Officiers, Sergens & Caporaux de piquet ne fortiront du camp que lorfque les piquets feront commandés fous ce nom ; mais lorfque ces piquets deviendront détachemens, ils feront commandés par les Officiers & Sergens qui feront les premiers à marcher.

Piquets détachés fans les Officiers.

C V I.

LORSQUE les piquets de plufieurs bataillons d'un même régiment marcheront enfemble, ceux des premiers bataillons feront commandés par les plus anciens Capitaines du régiment qui devront marcher, fans avoir égard dans cette occafion, aux bataillons auxquels ces Capitaines feront attachés.

Commandement de plufieurs piquets d'un même régiment.

C V I I.

LE nouveau Capitaine de piquet lui fera prendre les armes à la retraite, afin d'examiner fi les hommes & leurs armes font en bon état ; & il leur fera remettre enfuite leurs armes au chevalet.

Examen du piquet à la retraite.

C V I I I.

APRÈS la retraite, les Soldats de piquet feront partagés par tiers, & chaque tiers fera employé fucceffivement aux factions qu'ils auront à faire pendant la nuit, ou à demeurer près du faifceau de leurs armes.

Il y reſtera toûjours avec eux un des Officiers & des deux Sergens de piquet.

C I X.

Replier les drapeaux.

DÈS que la retraite aura été battue, les Officiers de piquet feront replier les drapeaux par un Sergent & un Caporal de leur piquet.

C X.

Viſite des faiſceaux.

ILS auront ſoin que ces mêmes Sergent & Caporal aſſiſtent à la viſite que les Sergens de chaque compagnie devront faire des faiſceaux d'armes deſdites compagnies, & qu'ils les conſignent de nouveau aux ſentinelles.

C X I.

Viſite du camp.

ILS auront pareillement ſoin qu'une heure après la retraite battue, les Sergens de piquet faſſent rentrer les Soldats dans leurs tentes, qu'ils faſſent ſortir ceux qui ſeroient chez les vivandiers, arrêter les filles de mauvaiſe vie & autres gens ſuſpects, pour être conduits au Prevôt, & mettre à la garde du camp les Soldats qui ſe ſeroient trouvés avec eux; & qu'ils faſſent éteindre les feux qui ſeroient allumés.

C X I I.

UN des Sergens de piquet fera la même viſite à minuit, & une autre pareille une heure avant le jour.

C X I I I.

Piquets ſous les armes le matin.

LES piquets prendront les armes le matin lorſqu'on les aſſemblera pour en tirer les détachemens, & les garderont, les Officiers étant à leur tête, juſqu'à ce que les gardes & détachemens ſoient partis du lieu où ils doivent s'aſſembler.

C X·I V.

Viſite du Major de brigade.

LE Major de brigade viſitera les piquets pendant ce temps; & s'il trouve qu'il y manque quelque Officier ou Soldat, ou qu'il y en ait quelqu'un de négligé, il en rendra compte à ſon Brigadier & au Major général.

C X V.

Exercice pendant les ſéjours.

DANS les camps où les troupes ſéjourneront, un Officier-major de chaque régiment fera faire l'exercice aux piquets tous les matins; après quoi il les fera rentrer & pofer leurs armes.

C X V I.

LES jours de marche les Soldats de piquet porteront *Jours de marche.* le chevalet & le manteau d'armes du piquet, & les piquets néceffaires pour le dreffer.

C X V I I.

LORSQU'APRÈS l'arrivée de la troupe au camp les détachemens tirés du piquet auront été remplacés, les cinquante hommes qui doivent compofer celui de chaque bataillon, feront placés en bataille au centre du camp de leur bataillon, quinze pas en avant des faifceaux, & ils y demeureront jufqu'à ce que les Soldats qui auront été envoyés au bois & à la paille, foient rentrés.

C X V I I I.

PENDANT qu'on tendra le camp, un Sergent du *Place* piquet en détachera quatre ou fix Soldats pour aller *du chevalet.* dreffer le chevalet, où les armes du piquet doivent être pofées.

Ce chevalet fera mis à deux pas de la droite du camp du bataillon, dans l'intervalle du front de bandière aux faifceaux, obfervant de le placer de même fur la gauche du camp des bataillons des brigades qui feront campés à colonne renverfée.

C X I X.

LA troupe étant établie dans le camp, & les Soldats *Rentrée* revenus de la paille & du bois, on fera rentrer le piquet, *du piquet.* qui ira fe mettre en bataille dans l'intervalle de fon bataillon, du côté où le chevalet aura été placé.

Il fera fur quatre rangs, dont le premier s'alignera fur le front de bandière.

C X X.

LE Capitaine fera préfenter les armes aux Soldats, & les fera défiler devant lui pour aller pofer leurs armes au chevalet, près lequel il y aura un fentinelle, fufil fur l'épaule, & le Capitaine plantera fon efponton près du chevalet.

C X X I.

LES piquets ne prendront jamais les armes fans un ordre pofitif du Général, des Officiers généraux de jour, des Majors & Aide-majors généraux, ou du Major de brigade.

C X X I I.

ILS ne rendront d'honneurs à perfonne; mais lorfqu'ils auront à paroître, pour faire voir qu'ils feront en état, ils fe mettront en bataille dans l'intervalle de leur bataillon, comme il vient d'être expliqué, les Officiers & Sergens à leur tête, & ils laifferont leurs fufils au chevalet.

C X X I I I.

ILS fe préfenteront en cet état au Commandant de l'armée, aux Princes du Sang & Légitimés, aux Maréchaux de France, aux Officiers généraux de jour, aux Infpecteurs généraux d'infanterie, & au Major général, lorfqu'ils le demanderont.

DE LA FORMATION DES BRIGADES.

C X X I V.

LES régimens deftinés à fervir en campagne, feront mis en brigade à leur arrivée à l'armée.

C X X V.

*Régimens,
chefs de brigade.*

LES plus anciens régimens feront chefs des brigades, & les autres y feront diftribués enfuite, fuivant leur rang autant qu'il fera praticable.

On obfervera néanmoins de mettre enfemble, s'il fe peut, les régimens étrangers d'une même nation.

Cet arrangement fera foûmis toutefois à ce qu'il plaira au Général d'en ordonner.

C X X V I.

*Arrangemens
des régimens
& bataillons.*

LE régiment chef de brigade en prendra la droite, foit pour fe mettre en bataille, pour marcher ou pour camper; le fecond fe placera à la gauche; & quand il y en aura un plus grand nombre, ils fe placeront de même

alternativement

alternativement, de manière que le dernier se trouve au centre.

Cet ordre sera renversé dans les brigades qui fermeront les gauches des lignes de l'armée.

C X X V I I.

LES bataillons d'un même régiment observeront entre eux le même ordre que tiendront les régimens dans la formation de la brigade.

C X X V I I I.

CHAQUE brigade sera commandée par le Colonel *Brigadiers.* des régimens qui la composeront qui sera le plus ancien Brigadier; & s'il n'y a point dans la brigade de Colonel qui soit Brigadier, le plus ancien Brigadier entre les Lieutenant-colonels, ou autres Officiers de ces régimens, la commandera.

C X X I X.

LORSQU'IL ne se trouvera pas de Brigadier dans le nombre des Officiers des régimens qui composeront une brigade, le Général en choisira un pour la commander entre les Brigadiers d'une autre brigade qui n'en auront pas le commandement.

C X X X.

LE Major du plus ancien régiment d'une brigade, sera *Majors* Major de cette brigade; & en son absence, le Major du *de brigade.* second régiment de la brigade en fera les fonctions.

C X X X I.

S'IL n'y avoit dans une brigade aucun Major en état de faire le service de Major de brigade, il y seroit suppléé par celui des Aide-majors du plus ancien régiment de la brigade, faisant depuis plus long-temps les fonctions d'Aide-major.

DES OFFICIERS SUPÉRIEURS
de piquet.

C X X X I I.

IL sera nommé tous les jours à l'ordre (outre les *Leurs grades.*

F

Officiers généraux de jour) un Brigadier, un Colonel, un Lieutenant - colonel & un Major de brigade, pour être de piquet pendant vingt-quatre heures : leur fervice commencera les jours de féjour, à l'heure que les Tambours battront pour l'affemblée des gardes; & les jours de marche, dans le temps qu'on affemblera les nouvelles gardes qui doivent marcher avec les campemens.

C X X X I I I.

Leurs fonctions. CES Officiers fe trouveront à la tête des piquets toutes les fois qu'on les affemblera.

C X X X I V.

LORSQUE les piquets coucheront au biwac, le Brigadier, le Colonel & le Lieutenant-colonel de piquet, feront chacun une ronde dans le camp pendant la nuit, dont l'heure fera réglée par le Brigadier, & ils pafferont à la tête & à la queue du camp, & entre les deux lignes, examinant fi les piquets feront alertes & en état.

C X X X V.

Réception lors de leurs vifites. QUAND les Officiers fupérieurs du piquet approcheront du piquet, le fentinelle placé devant les armes les arrêtera à environ quinze pas, & appelera fon Caporal qui s'avancera l'épée à la main, fuivi de deux Fufiliers, & ira recevoir le mot de celui qui fera cette ronde.

C X X X V I.

LE Caporal ayant reçû le mot de l'Officier fupérieur de piquet, retournera en rendre compte au Capitaine; & cependant les deux Fufiliers demeureront, les armes préfentées, vis-à-vis l'Officier fupérieur qui s'arrêtera jufqu'à ce que le Capitaine ait ordonné de le laiffer avancer, & vienne, l'efponton à la main, efcorté de quatre Fufiliers préfentant leurs armes, à fix pas du fentinelle, où l'Officier fupérieur s'avancera & recevra le mot du Capitaine, lequel après avoir quitté fon efponton, lui fera voir fon piquet qu'il aura fait mettre en état pendant ce temps.

C X X X V I I.

Compte à rendre. LES Officiers fupérieurs de piquet rendront compte

le lendemain matin aux Officiers généraux de jour, de
ce qui se sera passé dans le camp pendant leur ronde,
& de la vigilance des piquets qu'ils auront visités.

C X X X V I I I.

LE Brigadier, le Colonel, le Lieutenant-colonel & le *Assemblée des*
Major de piquet se trouveront tous les matins à l'assemblée *gardes.*
des gardes; & les jours qu'elles ne s'assembleront pas, ils
iront à cette même heure chez le Lieutenant général de
jour, pour y recevoir ses ordres.

C X X X I X.

LE Major de brigade de piquet remettra aux Officiers
généraux de jour, l'état des gardes ordinaires, en indiquant
les lieux où elles seront postées.

C X L.

LE Brigadier, le Colonel & le Lieutenant-colonel de *Visite des postes.*
piquet, suivront les Officiers généraux de jour dans la
visite qu'ils feront des postes, ou recevront leurs ordres
pour les aller visiter.

C X L I.

DANS ce dernier cas, ils examineront si les postes
& leurs sentinelles seront bien placés; si on les aura mis
hors d'insulte & en état de défense, & s'il y restera quelque chose à faire; & ils questionneront les Capitaines
pour savoir si on leur aura consigné tout ce qui sera
nécessaire.

C X L I I.

A leur retour ils rendront compte aux Officiers généraux de jour, de ce qu'ils auront trouvé à redire dans
cette visite, & de ce qu'ils croiront qu'il y auroit à changer.

C X L I I I.

LE Major de brigade qui sera de piquet, assemblera *Major*
aux rendez-vous indiqués tous les détachemens commandés. *de brigade*
de piquet.

C X L I V.

IL veillera à la discipline du camp, & sera chargé des
détails qui y sont relatifs.

C X L V.

IL y aura tous les jours en chaque brigade un Aide- *Aide-major*
de piquet.

major de piquet, qui fera nommé à l'ordre par le Major de brigade.

C X L V I.

CET Aide-major aura l'état des Officiers de la brigade qui feront les premiers à marcher.

C X L V I I.

IL ne fortira point du camp, pour être toûjours en état de faire exécuter diligemment les ordres qui arriveront, tant de jour que de nuit.

C X L V I I I.

IL conduira les détachemens commandés aux rendez-vous donnés pour les affembler, ainfi que les piquets de la brigade, lorfqu'ils devront aller à une exécution ou ailleurs.

C X L I X.

IL fera toutes les nuits une ronde dans la brigade, à l'heure qui lui paroîtra la plus convenable, efcorté d'un Sergent & de deux Fufiliers du piquet.

C L.

IL vifitera les gardes du camp de cette brigade, pour voir fi les Sergens & leurs gardes feront leur devoir, après néanmoins leur avoir donné le mot, afin d'en être reconnu.

C L I.

IL examinera le long du camp fi les fentinelles feront alertes.

C L I I.

ET il verra fi le feu des cuifines fera éteint, fi l'on ne donnera point à boire chez les Vivandiers, & s'il ne fe paffera aucun defordre.

C L I I I.

Sergent & Caporal d'ordonnance.

CHAQUE brigade aura toûjours un Sergent & un Caporal d'ordonnance chez le Major général.

DE L'ORDRE.

C L I V.

Donné chez le Major général.

LES Majors de brigade iront tous les jours à l'ordre
chez

chez le Major général, à l'heure qu'il leur aura indiquée, pour y écrire l'ordre qu'il leur dictera, ainsi que les détails qui concerneront leurs brigades.

C L V.

ILS ne s'exempteront d'aller à l'ordre sous aucun prétexte ; & lorsque pour des raisons légitimes quelqu'un d'eux ne pourra s'y trouver, il fera avertir le Major du second régiment de la brigade, qui s'y rendra à sa place.

C L V I.

IL ne sera admis à l'ordre chez le Major général, que les Majors de brigade & ceux qui en feront la fonction pour l'Artillerie & pour le Génie, & les Aides-de-camp des Officiers généraux attachés à l'infanterie.

C L V I I.

LE Major de brigade portera l'ordre & le mot au Brigadier commandant la brigade, lorsque ledit Brigadier sera au camp, & il recevra ses ordres sur ce qu'il aura à y ajoûter avant de le distribuer aux autres Majors de la brigade.

Porté au Brigadier.

C L V I I I.

LES Majors, & à leur défaut les Aide-majors des régimens, iront à l'ordre chez le Major de leur brigade, qui le leur dictera avec le détail concernant le service de leur régiment, & ce que le Brigadier aura jugé à propos d'y ajoûter.

Distribué par les Majors de brigade.

C L I X.

LES Majors des régimens ayant pris l'ordre du Major de leur brigade, iront porter le mot à leur Colonel lorsqu'il sera au camp, lui feront la lecture de l'ordre, & recevront ceux qu'il aura à donner ; après quoi ils iront donner l'ordre à leurs régimens.

Porté aux Colonels.

C L X.

EN l'absence du Colonel le Major donnera le mot au Lieutenant-colonel, à qui il sera porté par un Aide-major quand le Colonel sera présent ; & lorsque le Colonel & le Lieutenant-colonel ne feront point au régiment, le

Aux Lieutenant-colonels.

Major portera l'ordre également à l'Officier qui le commandera à leur défaut.

C L X I.

DÉFEND Sa Majesté à tous Officiers majors de s'envoyer l'ordre d'un régiment ou d'un bataillon à l'autre,
autrement que par un Officier & par écrit, & jamais par
un Sergent ni verbalement.

C L X I I.

LORSQUE le Major d'un régiment voudra donner
l'ordre, le Tambour du piquet du premier bataillon de
ce régiment fera trois roulemens pour y appeler, sans
jamais crier à l'ordre.

C L X I I I.

ALORS les Aide-majors, les Sergens & les Caporaux
du régiment s'assembleront au centre du régiment, vingt
pas en avant des faisceaux.

C L X I V.

LES Sergens ayant la hallebarde à la main, & ceux
des Grenadiers le fusil sur le bras gauche, formeront le
cercle, en se rangeant suivant l'ordre de leurs bataillons
& compagnies.

C L X V.

LES Caporaux en feront un second derrière les Sergens tenant les armes présentées au dehors, & empêchant
que personne n'approche.

C L X V I.

LE Tambour-major se mettra entre les Sergens & les
Caporaux.

C L X V I I.

LES Officiers majors du régiment entreront seuls dans
le cercle.

C L X V I I I.

LE Major, & en son absence, l'Aide-major expliquera
l'ordre aux Sergens, & ce qu'ils auront à exécuter.

C L X I X.

IL nommera les Officiers commandés pour monter la

garde, pour aller en détachement & pour remplacer le piquet.

C L X X.

Il s'informera quels seront les Sergens qui devront être de garde, de détachement, de piquet & d'ordonnance, & il leur recommandera les attentions nécessaires.

C L X X I.

Il ôtera ensuite son chapeau, ainsi que les Officiers & Sergens, & donnera le mot aux Officiers, puis au premier Sergent du cercle qui s'avancera pour le recevoir ; & étant retourné à sa place, le donnera au second, celui-ci au troisième, & ainsi de suite.

Les Sergens resteront chapeau bas jusqu'à ce que le dernier Sergent du cercle ait rendu le mot au Major.

C L X X I I.

Aussi-tost après que l'ordre aura été donné à la tête du camp, les Aide-majors iront en rendre compte au Commandant de leur bataillon, & lui donneront le mot en même temps.

Ordre rendu par les Aide-majors.

C L X X I I I.

Les Sergens porteront l'ordre aux Officiers de leur compagnie, sans pouvoir jamais en être dispensés, ils auront le chapeau bas en leur donnant le mot, & les Officiers le recevront de même.

Par les Sergens.

C L X X I V.

Ils iront ensuite aux tentes de leur compagnie faire entendre aux Caporaux & Chefs de chambrée, ce qui aura été défendu & ordonné.

C L X X V.

Les Caporaux avertiront les Soldats qui devront marcher.

C L X X V I.

Un Sergent & un Caporal de chaque piquet, de même que les Sergens des gardes du camp, se trouveront au cercle pour prendre l'ordre & le mot, & le porter aux Officiers desdits piquets.

Sergens & Caporaux des piquets & gardes du camp.

DE LA RETRAITE
& autres règles du Camp.

C L X X V I I.

Signal de la retraite. ON battra tous les jours la retraite à foleil couchant, au fignal d'un coup de canon, ou, à ce défaut, au fignal que donneront les Tambours de la brigade de la droite, afin que tous les Tambours puiffent commencer à battre enfemble.

C L X X V I I I.

Marche des Tambours. LES Tambours, tant pour la retraite que pour tout ce qu'ils auront à battre, iront & reviendront le long du front du régiment, en commençant par la droite, ou par la gauche fi le régiment étoit campé à colonne renverfée.

C L X X I X.

Replier les drapeaux. LA retraite battue, un Sergent & un Caporal de piquet replieront les drapeaux & les coucheront enfemble fur quatre petits chevalets qui feront mis pour cet ufage près de celui des armes du piquet de chaque bataillon, entre le front de bandière & les faifceaux.

C L X X X.

LES drapeaux ainfi couchés feront confignés au fentinelle du piquet, & le fentinelle qui les gardoit reftera pendant la nuit fur le front du bataillon, pour continuer d'y garder les faifceaux.

C L X X X I.

Manteaux d'armes fur les faifceaux. IMMÉDIATEMENT après la retraite, un Sergent de chaque compagnie fera mettre le manteau d'armes fur le faifceau, s'il en a été ôté pendant le jour.

Il en vifitera en même temps les armes en préfence d'un Sergent & Caporal de piquet; & s'il en manque, après avoir vérifié à qui elles appartiendront, il fera arrêter les Soldats qui les auront prifes, & les fentinelles à qui elles étoient confignées.

C L X X X I I.

Éteindre les feux. ON éteindra les feux des cuifines après la retraite; les Vivandiers cefferont de donner à boire, & les Soldats

feront

feront rentrés dans leurs tentes une heure après au plus tard.

C L X X X I I I.

AVANT la nuit il fera pofé à la queue de chaque *Sentinelles* bataillon deux fentinelles tirés du piquet, auxquels il fera *de nuit.* ordonné d'arrêter les Soldats qui rentreront au camp par les derrières, ou qui voudroient en fortir.

C L X X X I V.

LES Sergens feront régulièrement des appels de leurs *Appels.* compagnies, après la retraite battue & au point du jour, & plus fouvent s'il eft néceffaire.

C L X X X V.

ILS feront enfuite leurs billets d'appel, fur lefquels ils marqueront s'il manque quelqu'un ou non, & le nombre des Soldats qui feroient morts au camp ou qui auroient été envoyés à l'hôpital d'un appel à l'autre.

Ils dateront & figneront ces billets, & ils les porteront au Sergent de piquet qui fera chargé de ramaffer ceux du bataillon, de les remettre au Major du régiment, & d'en aller rendre compte au Commandant du bataillon.

C L X X X V I.

CES appels fe feront tente par tente, en appelant les Soldats par leur nom, & les obligeant de répondre chacun pour foi.

Les Sergens qui y manqueront par négligence, ou qui ne marqueront pas fur leurs billets les Soldats qui ne fe feroient pas trouvés à leur appel, feront punis févèrement.

C L X X X V I I.

LES Officiers fubalternes des compagnies en feront l'appel après la retraite, indépendamment de celui des Sergens; & ils marqueront les Soldats qui y auront man- qué, fur des billets qu'ils figneront, & qu'un d'entre eux remettra au Commandant du régiment.

C L X X X V I I I.

LES Majors des régimens formeront, fur les billets d'appel des Sergens, des billets datés & fignés d'eux,

H

qu'ils enverront tous les matins au Major de leur brigade.

Ils marqueront sur ces billets les noms des Soldats qui auront manqué à l'appel, avec ceux de leurs compagnies, & l'heure à laquelle on se sera aperçû de leur absence.

Quand il n'auroit manqué personne, ils n'en feront pas moins mention sur leurs billets.

Ils y marqueront aussi le nombre des Soldats entrés à l'hôpital ou morts au camp.

C L X X X I X.

CHAQUE Major de brigade formera de même sur les billets des Majors des régimens de sa brigade, un billet détaillé des hommes qui y auront manqué, qu'il remettra, après l'avoir daté & signé, au Sergent qui devra aller à l'ordonnance, pour le porter au Major général.

C X C.

LE Major général formera du tout un état général, qu'il remettra au Commandant de l'armée à l'heure de l'ordre.

C X C I.

Battre la garde. LA garde se battra tous les matins à l'heure qui sera ordonnée par le Général, soit que les gardes doivent s'assembler ou non.

C X C I I.

La breloque. APRÈS que les gardes seront parties du camp, le Tambour du piquet du premier bataillon de la droite, battra la breloque, qui sera suivie par tous les Tambours des piquets de la ligne; ce qui servira d'avertissement pour faire balayer les rues & la tête du camp, jusqu'à trente pas au delà des faisceaux.

C X C I I I.

Découvrir les faisceaux. DÈS que le camp aura été balayé, un Sergent de chaque compagnie fera ôter le manteau d'armes de dessus le faisceau, si le temps le permet; il visitera les armes en présence d'un Sergent ou d'un Caporal de piquet, & aura soin qu'elles soient bien rangées autour du faisceau, les platines en dehors, avec des tampons sur le bassinet.

CXCIV.

LES Sergens de piquet feront tranfporter les drapeaux en leur place, en fe réglant fur le bataillon de la droite; on les y déployera, fi le temps le permet, & on les confignera de nouveau au fentinelle du centre du front du bataillon.

Remettre les drapeaux à leur place.

CXCV.

LES Lieutenans des compagnies feront tous les matins la vifite des tentes, afin de voir fi les Soldats feront propres & s'ils feront ordinaire; & un d'entre eux en rendra compte au Commandant du régiment, de même que des Soldats qui feront arrêtés à la garde du camp.

Vifite des tentes par les Lieutenans.

CXCVI.

LES Lieutenans des compagnies feront auffi tous les jours la vifite des armes; ils y ordonneront les réparations néceffaires, tiendront la main à ce qu'elles foient faites, & en rendront compte au Commandant du régiment.

Vifite des armes & cartouches.

CXCVII.

ILS veilleront de même, ainfi que le Major du régiment, lorfque la diftribution de la poudre, des balles & des pierres à fufil aura été faite, à ce que les Soldats aient toûjours leur porte-cartouche garni, & qu'ils aient chacun deux pierres de rechange avec les autres petits uftenfiles néceffaires pour l'entretien & la propreté des armes; & à mefure que ces munitions feront confommées, les Majors des régimens en informeront le Major général, afin qu'il les faffe remplacer.

CXCVIII.

DANS les camps où l'armée féjournera plus de deux jours, on fera faire l'exercice aux troupes le plus fouvent qu'il fe pourra.

Exercices.

CXCIX.

LORSQUE l'on fera tirer les Soldats dans les exercices, ils n'y emploieront point les munitions qui feront dans leurs cartouches, mais feulement la poudre qui leur fera donnée à cet effet.

C C.

Les Sergens auront attention à retirer la poudre & les balles des Soldats de leurs compagnies qui feront envoyés aux hôpitaux, & de les donner à ceux qui en manqueront.

C C I.

Décharge des armes.

Lorsqu'après les pluies il fera néceffaire de faire décharger les fufils, les Sergens auront foin de faire décharger avec un tire-bourre, ceux qui auront été mouillés; & s'il y en a qu'on ne puiffe décharger de cette façon, ils ne pourront être tirés qu'entre neuf & dix heures du matin, & en préfence d'un Officier, qui prendra les précautions néceffaires pour éviter les accidens.

C C I I.

Cris défendus.

On ne fe fervira point dans les camps du mot *arrête*, pour quelque chofe que ce foit; & s'il s'agit de faire arrêter quelqu'un qui fuit, on criera *au voleur*.

C C I I I.

Le terme d'*alerte* fera auffi interdit dans les poftes & aux gardes pour y faire prendre les armes; & les Officiers & Sergens de ces poftes, ou Gardes, tiendront la main à ce que l'on fe ferve de celui d'appeler *aux armes*.

C C I V.

Batteries des Tambours.

Les Tambours ne battront que pour les chofes ordonnées, & pour leurs écoles qui ne commenceront jamais par la Générale, & fe tiendront ordinairement aux heures que les Tambours ont coûtume de s'affembler pour dîner & pour fouper.

DE L'ORDRE A OBSERVER
pour commander les gardes & détachemens.

C C V.

Détachemens par brigade.

Les détachemens pour toutes fortes de fervice, feront commandés par brigade, chacune devant fournir à fon tour en commençant par la première, à proportion du nombre de bataillons dont elles feront compofées.

C C V I.

CCVI.

LE Major général tiendra un contrôle des brigades *Contrôles du* de l'armée, sur lequel seront marqués tous les détache- *Major général.* mens commandés. Il tiendra pareillement des contrôles des Brigadiers, Colonels & Lieutenant-colonels de l'armée, pour les commander chacun à leur tour.

CCVII.

LES Brigadiers seront commandés par rang d'an- *Brigadiers.* cienneté.

CCVIII.

LES Colonels en pied ou qui commanderont des *Colonels* corps, & les Lieutenant-colonels en pied, seront com- *& Lieutenant-* mandés suivant le rang de leurs régimens. *colonels.*

CCIX.

LES Colonels réformés à la suite des régimens, & les autres Officiers qui auront obtenu des commissions de Colonels, prendront rang après les Colonels en pied ou Commandans des corps, & entre eux, de la date de leurs commissions de Colonels; & ils auront, étant commandés en cette qualité, la même autorité que les Colonels en pied.

CCX.

IL en sera de même des Lieutenant-colonels réformés, ou par commission, qui seront commandés après les Lieutenant-colonels en pied, & entre eux, suivant la date de leurs commissions de Lieutenant-colonels.

CCXI.

LES Colonels & Lieutenant-colonels par commission, qui auront d'autres emplois dans l'Infanterie, y feront un double service; mais ils feront toûjours celui de leurs emplois par préférence à celui de Colonel & de Lieutenant-colonel.

CCXII.

LES Lieutenant-colonels des régimens des Gardes- *Régimens* françoises & Suisses, & les Capitaines qui se trouveront *des Gardes.* à la tête & commandant lesdits régimens, & qui n'auront point de lettres de service en qualité d'Officiers généraux

I

ou de Brigadiers, tiendront rang de premiers Colonels d'Infanterie.

Les autres Capitaines defdits régimens, tiendront rang de Colonels d'Infanterie du jour que le rang leur en a été accordé par l'ordonnance du 26 mars 1691, de même que s'il avoit été créé ce jour-là un régiment de chacune des compagnies defdits régimens.

Les Lieutenans defdits régimens tiendront rang de Lieutenant-colonels, & marcheront après tous les Lieutenant-colonels en pied, & avant les Lieutenant-colonels réformés, ou par commiffion.

Les Sous-lieutenans & Enfeignes marcheront après les Capitaines, & devant tous les Lieutenans des autres régimens.

C C X I I I.

Contrôles des Majors de brigade. LES Majors de brigade tiendront un contrôle des régimens de leur brigade, où ils marqueront les Officiers & Soldats qui feront commandés par proportion du nombre de leurs bataillons, & par rang de régiment, en commençant par le régiment chef de brigade.

C C X I V.

Contrôles des Majors des régimens. CHAQUE Major de régiment tiendra auffi des contrôles de chaque bataillon dudit régiment, compagnie par compagnie, fur lefquels il marquera les Officiers & le nombre des Sergens, Caporaux & Soldats qui feront commandés.

C C X V.

Commencement & durée des contrôles. CES contrôles commenceront du jour de l'arrivée des régimens au lieu de l'affemblée de l'armée, & feront continués jufqu'au jour de fa féparation ; de manière qu'ils recommenceront toutes les fois qu'on entrera en campagne.

C C X V I.

Tours de-garde. IL y aura quatre fortes de tours de garde, non compris le fervice des fiéges, dont il fera parlé dans la fuite.

Le premier fera pour les gardes de l'armée & tous détachemens en armes.

Le fecond, pour les gardes d'honneur.

Le troifième, pour le piquet.

Et le quatrième, pour les détachemens non armés, qui feront réputés corvées ou gardes de fatigue.

C C X V I I.

CHACUN de ces trois premiers tours fera commandé par la tête, & le quatrième par la queue, en fuivant exactement le rang des Capitaines, & faifant marcher les fubalternes fuivant celui des compagnies auxquelles ils feront attachés; ce qui n'empêchera pas que ceux du même régiment ne commandent entre eux fuivant leur ancienneté.

C C X V I I I.

LES Sergens, Caporaux & Soldats feront pareillement commandés par rang de compagnie.

C C X I X.

L'OFFICIER qui fe trouvera en même temps le premier à marcher pour différens fervices, fera commandé par préférence pour le premier de ces fervices, dans l'ordre qui eft défigné ci-deffus.

Concours des différens tours de garde.

C C X X.

CELUI dont le tour viendra de marcher à un détachement armé pendant qu'il fera à une garde d'honneur, demeurera à cette garde.

S'il eft de piquet, il le quittera, & fera cenfé l'avoir fait, pourvû que le détachement paffe les gardes ordinaires; & à l'inftant qu'il fera commandé, on le remplacera par celui de fes camarades qui le fuivra dans le tour du piquet.

S'il eft de corvée, il la quittera pareillement, pourvû que fa corvée foit au camp, & fera cenfé l'avoir faite; mais fi la corvée eft hors du camp, il la finira.

C C X X I.

CELUI dont le tour viendra de marcher à une garde d'honneur pendant qu'il fera employé à un détachement armé, continuera fon fervice actuel.

S'il eſt de piquet ou de corvée, il en ſera uſé comme il eſt expliqué à l'article précédent.

C C X X I I.

CELUI dont le tour pour être de piquet arrivera pendant qu'il ſera en détachement, garde d'honneur ou corvée, continuera ſon ſervice.

C C X X I I I.

CELUI dont le tour de corvée arrivera tandis qu'il ſera de détachement ou de garde, continuera ſon ſervice.

S'il eſt de piquet, il le quittera pour faire ſa corvée.

C C X X I V.

Quand le tour ſera paſſé.

Tout Officier qui étant le premier à marcher pour un détachement armé, une garde d'honneur ou le piquet, ne ſe trouvera pas au camp quand on le commandera, ou ne pourra faire ce ſervice pour quelque cauſe que ce ſoit, ſera remplacé par celui qui le ſuivra, & ſon tour ſera paſſé.

Il ne pourra même venir prendre le commandement du détachement ni de la garde, ſi-tôt qu'elle ſera en marche & au-delà des gardes ordinaires de l'armée.

C C X X V.

A l'égard des gardes de fatigue ou corvées, le tour n'en paſſera jamais, ſoit que l'Officier commandé ſoit abſent ou de ſervice ailleurs, devant toûjours le reprendre après ſon retour au camp.

C C X X V I.

Quand le ſervice ſera cenſé fait.

LES détachemens ſeront cenſés faits, dès qu'ils auront paſſé les gardes ordinaires de l'armée.

Les corvées ſeront auſſi réputées faites, pourvû qu'elles aient été employées, ou qu'elles aient paſſé les gardes ordinaires.

Tout détachement renvoyé du lieu du rendez-vous, ne ſera pas cenſé fait.

C C X X V I I.

Commandant par accident.

LE Commandant d'un régiment par accident, devra être commandé à ſon tour de détachement ou de garde;

il ſera

il fera feulement exempt de piquet & de corvée pendant le temps qu'il commandera.

C C X X V I I I.

LES Capitaines de Grenadiers marcheront avec leurs *Capitaines* compagnies quand elles feront détachées, lors même qu'ils *de Grenadiers.* fe trouveront commander le régiment ou un bataillon par accident.

C C X X I X.

EN l'abfence du Capitaine de Grenadiers & des autres Officiers de fa compagnie, le plus ancien Capitaine & les plus anciens fubalternes du bataillon, marcheront à leur place avec cette troupe.

C C X X X.

QUAND les Officiers des Grenadiers s'abfenteront pour plus de quatre jours, le Major du régiment en fera avertir les Officiers du bataillon qui doivent les remplacer, lefquels, du jour qu'ils feront avertis, jufqu'au retour de ceux qu'ils auront remplacés, ne feront point d'autre fervice.

C C X X X I.

SI le Capitaine, commandant par accident une compagnie de Grenadiers, fe trouve commander un bataillon par un autre accident, il demeurera en ce cas attaché au bataillon; & le Capitaine qui le fuivra dans le bataillon, le remplacera à la compagnie de Grenadiers, jufqu'à ce que le Capitaine titulaire y foit préfent.

C C X X X I I.

LES Majors de brigade feront commandés pour le *Officiers majors.* piquet, fuivant le rang de leurs brigades.

Ils ne marcheront à aucun détachement, mais feulement avec leur brigade ou leur régiment.

G C X X X I I I.

IL fera commandé un Major ou un Aide-major pour accompagner un Brigadier commandé pour aller en détachement ou de piquet, lequel fera pris dans la même brigade où le Brigadier fera employé, foit qu'il la commande ou non, & par préférence dans fon régiment fi ce Brigadier en eft Colonel.

K

C C X X X I V.

LES Majors des régimens marcheront avec leurs Colonels, à moins qu'ils ne soient Majors de brigade; auquel cas un Aide-major accompagnera le Colonel à la place du Major.

C C X X X V.

LES Aide-majors marcheront avec les Colonels réformés, ou par commission, qui seront attachés à leurs régimens, & avec les Lieutenant-colonels & Commandans de bataillon.

Ces Officiers prendront avec eux un Lieutenant à la place d'un Aide-major, lorsqu'il ne restera qu'un Officier major au régiment.

C C X X X V I.

Détachemens de Capitaines. LES détachemens commandés par des Capitaines, ne feront jamais moindres que de cinquante hommes, y compris les Sergens & le Tambour.

C C X X X V I I.

Officiers subalternes. IL marchera toûjours un Lieutenant ou Enseigne avec chaque Capitaine; & lorsqu'il y aura trois Officiers par compagnie, il marchera de plus avec le Capitaine & le Lieutenant, un Lieutenant en second ou Sous-lieutenant.

C C X X X V I I I.

S'IL arrivoit que tous les emplois de Lieutenant en second ou de Sous-lieutenant d'un régiment ne fussent pas remplis, ou qu'il y eût un trop grand nombre d'Officiers absens, les Commandans des régimens pourront en ce cas, faire rouler les Lieutenans en second ou Sous-lieutenans, avec les Lieutenans en premier; observant dans les détachemens où le Lieutenant pourroit être séparé de son Capitaine, d'y faire marcher un Lieutenant en premier. & un Lieutenant en second, afin que quand il plaira à Sa Majesté d'entretenir des troisièmes Officiers dans les compagnies, le Capitaine ne soit jamais sans avoir avec lui un Officier subalterne, & que la partie du détachement où le Capitaine ne se trouvera pas, soit toûjours commandée par un Lieutenant en pied.

C C X X X I X.

LES Officiers fubalternes, Sergens, Caporaux & Soldats *Formation* des détachemens & des gardes, feront toûjours des mêmes *des détachemens.* régimens que les Capitaines qui devront les commander.

C C X L.

LES Sergens des compagnies auront attention que les détachemens foient toûjours mêlés d'anciens & de nouveaux Soldats.

C C X L I.

CHAQUE Sergent commandé aura avec lui un Caporal de fa compagnie; & il ne fera pas formé d'autre efcouade en campagne.

C C X L I I.

LORSQUE les Officiers généraux demanderont des *Détachemens* détachemens à une brigade, le Major de la brigade les *demandés par* commandera fur le champ; & tout auffi-tôt il en rendra *les Officiers* compte au Brigadier & au Major général qui en tiendra *généraux.* compte à la brigade.

DE L'ASSEMBLE'E,
infpection & conduite des Gardes.

C C X L I I I.

LE Général de l'armée ordonnera l'heure à laquelle *Heure de battre* les Tambours devront battre l'affemblée tous les matins, *l'affemblée.* foit que les gardes s'affemblent ou non.

C C X L I V.

UNE demi-heure auparavant que l'on batte l'affemblée, *Vifite des* les Majors des régimens affembleront à la tête de leur *Majors des* camp, les détachemens deftinés, tant pour la garde du *Régimens.* camp & les gardes ordinaires, que pour celles des Officiers généraux & le remplacement du piquet; & ils les vifiteront pour s'affurer qu'ils foient pourvûs du pain, des munitions de guerre, & des outils qu'ils devront avoir felon le fervice auquel ils feront deftinés.

C C X L V.

UN tiers des Soldats commandés pour les gardes de *Nombre d'outils.*

l'armée ou détachemens, portera toûjours des outils en nombre égal de chaque eſpèce.

C C X L V I.

Conduite à la tête du régiment chef de brigade.

APRÈS que le Major aura viſité, à la tête du régiment, les détachemens qui devront former les gardes ordinaires, il les fera conduire par un Officier major à la tête du régiment chef de brigade, aſſez à temps pour que le Major de brigade puiſſe en faire l'inſpection avant que l'on batte l'aſſemblée.

C C X L V I I.

Jonction des Officiers.

LES Officiers commandés joindront, à la tête de leurs régimens, les détachemens avec leſquels ils devront marcher.

Ils aſſiſteront à la viſite que le Major du régiment en fera, & ils en compteront les hommes, pour être ſûrs qu'il y en ait le nombre ordonné.

C C X L V I I I.

Gardes qui vont directement à leurs poſtes.

LORSQUE l'on battra l'aſſemblée, chaque Major de régiment fera partir la garde du camp, & celles des Officiers généraux, leſquelles ſe rendront en droiture de la tête de leur camp au lieu de leur deſtination, ſans autre inſpection.

C C X L I X.

Rendez-vous général des gardes.

A l'égard des détachemens qui auront été conduits à la tête des régimens chefs de brigade, ils en partiront au moment que l'on battra l'aſſemblée, ſoit pour ſe rendre chacun en droiture à ſa deſtination, lorſqu'il ne ſera pas ordonné de les aſſembler, ſoit lorſqu'ils devront être aſſemblés pour ſe trouver au rendez-vous général indiqué pour les gardes de l'armée, qui ſera, autant qu'on le pourra, au centre de la première ligne.

C C L.

CES détachemens ſeront conduits au lieu de l'aſſemblée par l'Aide-major de piquet de chaque brigade, qui ne les quittera point que les gardes ne ſoient montées.

C C L I.

Gardes en bataille.

LE Major de brigade de piquet aſſemblera les gardes,

& les

& les mettra en bataille dans l'ordre que les brigades feront campées, en plaçant celles qui feront tirées de la feconde ligne, au centre de celles tirées de la première, à moins que les gardes ne fuffent affez nombreufes pour être mifes fur deux lignes.

C C L I I.

LES Soldats d'ordonnance des anciens poftes, feront envoyés aux Majors des brigades qui auront fourni ces poftes, lefquels auront foin de faire trouver ces Soldats d'ordonnance au lieu où fera la nouvelle garde qui devra relever leur pofte, ou à celui du rendez-vous général lorfque les gardes devront s'affembler.

Ordonnances des poftes.

Le Major de brigade de piquet alignera entre eux ces Soldats d'ordonnance, fur un rang qu'il leur fera former en avant, & vis-à-vis chacune des gardes qu'ils auront à conduire.

C C L I I I.

DÈS que les détachemens auront été rangés, & les Soldats d'ordonnance placés, le Major de brigade de piquet fera mettre aux Soldats la bayonnette au bout du fufil, & les fera repofer fur leurs armes.

Infpection des gardes.

C C L I V.

L'INSPECTION des gardes ainfi affemblées, fera faite par les Directeurs & Infpecteurs généraux de l'infanterie, ou par le Major général, outre celles des Officiers généraux de jour, lorfqu'ils jugeront à propos de la faire.

C C L V.

APRÈS l'infpection, & lorfque l'Officier général de jour l'ordonnera, le Major général, ou un des Aide-majors généraux en fon abfence, fera défiler les gardes.

Pour faire défiler les gardes.

C C L V I.

CHAQUE Capitaine fera le commandement à fa troupe pour marcher; il marchera à la tête, le Lieutenant à la queue, & le Lieutenant en fecond à la gauche & en arrière du Capitaine.

C C L V I I.

LE Major ou l'Aide-major général qui fera défiler les

Mot de ralliement.

L

gardes, donnera le mot de ralliement au Commandant de chaque poste ; & lorfque les gardes ne s'affembleront point, il fera remis ou envoyé par le Major général, aux Majors de brigade, dans autant de billets cachetés qu'il devra y avoir de détachemens poftés pour la fûreté de l'armée.

C C L V I I I.

Sortie du camp. LES Officiers des détachemens deftinés pour les gardes qui feront placées aux environs du camp, obferveront, dès qu'ils feront en marche, de faire ôter les tampons de deffus le baffinet des fufils de leur troupe.

C C L I X.

Avant-garde. ILS feront marcher devant eux un Sergent & quelques Fufiliers, qui s'avanceront environ cinquante pas en avant de la troupe ; obfervant de ne la point perdre de vûe, & de faire en forte qu'ils ne puiffent point en être féparés.

C C L X.

LE Soldat d'ordonnance qui conduira la troupe, marchera devant elle, & à l'avant-garde quand il y en aura une.

C C L X I.

Entrée aux poftes. LORSQUE la nouvelle garde approchera du pofte qu'elle devra relever, la vieille garde s'affemblera au milieu du pofte ; & après avoir reconnu la nouvelle, elle la laiffera entrer dans le pofte, ou elle bordera le parapet.

C C L X I I.

DANS les lieux qui ne feront point fermés, la nouvelle garde fe mettra en bataille à la droite & fur le même alignement de l'ancienne.

C C L X I I I.

Prendre la configne. LES Officiers, Sergens & Caporaux qui devront defcendre la garde, donneront exactement la configne à ceux qui la monteront.

C C L X I V.

Relever les fentinelles. LES Caporaux iront enfuite pofer les fentinelles de la nouvelle garde, & relever ceux de l'ancienne.

C C L X V.

PENDANT qu'on relèvera les sentinelles, le Capitaine qui montera la garde, prendra tous les éclaircissemens nécessaires de celui qui la descendra.

C C L X V I.

LORSQUE la vieille garde partira, il enverra avec elle un Soldat intelligent de son détachement, qui ira à l'ordonnance chez le Major de sa brigade; ce Soldat lui apportera les ordres qui pourront survenir, & conduira le lendemain la garde qui devra le relever.

Soldat d'ordonnance.

C C L X V I I.

LES premières gardes qui seront posées, à l'arrivée de l'armée, dans un camp, ou celles qui seront demandées d'augmentation, seront conduites par ceux qui auront été chargés de reconnoître les endroits où elles devront être posées.

Pose des premières gardes.

DU SERVICE DES GARDES
dans leurs postes.

C C L X V I I I.

A l'arrivée d'une garde à son poste, soit qu'elle en relève une autre ou non, le Commandant la disposera comme il voudroit qu'elle fût en cas d'attaque, & aura soin que chaque Soldat mette son fusil à son poste.

Leur établissement.

C C L X I X.

IL fera placer les sentinelles, ou les changera s'il les trouve mal placés: il se fera rendre compte de leur consigne, & il en augmentera ou diminuera le nombre, ou même les fera doubler en certains endroits, soit de jour, soit de nuit, selon qu'il le jugera nécessaire.

C C L X X.

IL reconnoîtra les chemins ou débouchés par lesquels l'ennemi pourroit venir à lui, afin d'y mettre, s'il en est besoin, quelques petits postes en avant qui se retireront la nuit au gros de la troupe.

C C L X X I.

IL fera travailler diligemment les Soldats à retrancher

le poſte s'il ne l'eſt pas ſuffiſamment, & il ſe ſervira de tous les moyens pratiquables pour le mettre en état de défenſe.

C C L X X I I.

Viſite des Brigadiers. LES Brigadiers viſiteront les poſtes qui ſeront affectés à leur brigade, & donneront leurs ſoins à ce qu'ils ſoient mis en état.

C C L X X I I I.

ON aura ſoin à cet effet, que les poſtes ſoient, autant qu'il ſera poſſible, toûjours occupés par des détachemens des mêmes brigades.

C C L X X I V.

Reconnoître le chemin des patrouilles. LE Commandant du poſte fera reconnoître pendant le jour, les chemins que ſes patrouilles auront à tenir pendant la nuit, & fera faire cette reconnoiſſance par ceux même qu'il deſtinera pour faire ces patrouilles.

C C L X X V.

Diſpoſition pour la nuit. VERS le ſoir, il expliquera aux Officiers, Sergens & Caporaux qui ſeront avec lui, les rondes qu'ils auront à faire pendant la nuit, & il en règlera les heures de façon que les ſentinelles puiſſent être viſités ſouvent.

C C L X X V I.

A l'entrée de la nuit il donnera à ſes Officiers, Sergens & Caporaux, le mot de ralliement qu'il aura reçû avant de partir du camp.

C C L X X V I I.

IL fera mettre les ſentinelles d'augmentation pour la nuit, & les fera doubler dans les endroits néceſſaires; défendant aux ſentinelles doublés de parler enſemble, & leur ordonnant de regarder alternativement chacun de différens côtés.

C C L X X V I I I.

IL fera prendre enſuite les armes à ſon détachement, pour en faire la viſite, & inſtruire encore plus préciſément les Soldats, du poſte qu'ils devront occuper en cas d'attaque.

C C L X X I X.

IL leur fera garder leurs armes toute la nuit entre

leurs

leurs bras, veillant à ce qu'ils se tiennent affis autour du feu vis-à-vis leur pofte, fans dormir, & qu'ils couvrent la platine de leur fufil, pour que la pluie ni la rofée ne puiffent la mouiller.

C C L X X X.

IL fera faire des patrouilles pendant la nuit en dehors *Patrouilles.* de fon pofte, lefquelles feront plus ou moins fréquentes fuivant les circonftances.

C C L X X X I.

CELUI qui fera chargé de faire la patrouille, prendra avec lui deux hommes à fon choix, & partira après avoir reçû les ordres de l'Officier qui commandera.

C C L X X X I I.

IL obfervera de marcher avec le moins de bruit qu'il fera poffible, & de faire halte de temps en temps pour écouter.

C C L X X X I I I.

QUELQUE rencontre qu'il faffe, il ne tirera jamais que, lorfqu'étant coupé, il ne pourra retourner à fon pofte pour l'avertir.

C C L X X X I V.

Sa tournée étant finie, il s'arrêtera lorfque le fentinelle du pofte lui aura crié *halte là ;* & il attendra qu'un Capo-ral, efcorté de deux Fufiliers, vienne le reconnoître & recevoir de lui le mot de ralliement.

C C L X X X V.

DÈS qu'il aura été reconnu, on le laiffera entrer dans le pofte avec fes Fufiliers, & il rendra compte au Com-mandant de ce qu'il aura vû & entendu.

C C L X X X V I.

PENDANT que la patrouille fera dehors, une partie des Soldats du pofte en bordera les retranchemens.

C C L X X X V I I.

DANS les poftes expofés, où il feroit à craindre que le cri des fentinelles ne les fît découvrir, on leur don-nera, de même qu'à ceux qui feront les patrouilles, un fignal muet dont on fera convenu.

M

C C L X X X V I I I.

Dispofition au point du jour.

AU petit point du jour, les Officiers & leurs détache-mens borderont le parapet de leur pofte, & y refteront jufqu'à ce que la découverte ait été faite.

C C L X X X I X.

LORSQU'IL fera jour, on détachera un Sergent & quatre Fufiliers pour aller faire la découverte.

C C X C.

LE Sergent chargé de cette commiffion, ira exacte-ment dans tous les endroits qui lui auront été indiqués par fon Commandant; & il vifitera tous les lieux circon-voifins où l'ennemi auroit pû s'embufquer.

C C X C I.

LA découverte étant faite, on relevera les fentinelles d'augmentation qui auront été pofés pendant la nuit.

Les Soldats remettront leurs armes à leur place, & les Sergens les leur feront effuyer.

C C X C I I.

Aller au qui vive.

LES gardes ordinaires placées pour la fûreté du camp, feront reconnoître exactement les troupes & les perfonnes qui en approcheront, foit pour entrer dans le camp ou pour en fortir.

C C X C I I I.

DÈS que les fentinelles apercevront une troupe, ou quatre ou cinq perfonnes enfemble qui viendront de leur côté, ils avertiront le pofte & préfenteront les armes.

C C X C I V.

AUSSI-TOST l'Officier fera prendre les armes aux Soldats de fon détachement, leur faifant mettre le fufil fur le bras; & en même temps il enverra reconnoître la troupe par un Sergent & quatre Fufiliers, qui iront fe placer près le fentinelle, les armes préfentées.

C C X C V.

LORSQUE le Sergent fera à portée d'être entendu, il criera *qui vive ;* & après qu'il lui aura été répondu *France,* il demandera quel régiment.

Ayant reconnu la troupe par la feconde réponfe qui

lui aura été faite, il détachera un Fuſilier pour en aller rendre compte au Commandant du poſte ; & cependant il fera faire halte à cette troupe, juſqu'à ce que ledit Commandant lui ait envoyé dire de la laiſſer approcher, ou paſſer.

· C C X C V I.

LE Commandant du poſte fera reſter ſon détachement en état, juſqu'à ce que la troupe ſoit paſſée & hors de ſa vûe ; & il fera rendre aux Officiers généraux de jour, & aux Officiers de piquet, les honneurs qui leur ſont dûs.

C C X C V I I.

LORSQU'IL importera de ne point donner connoiſ- *Cas où il ne* ſance aux ennemis, des poſtes que les gardes occuperont, *fera pas rendu* & du paſſage des Officiers généraux qui les viſiteront, *d'honneurs.* le Major général aura ſoin d'avertir par écrit les Officiers qui y ſeront détachés, de ne point faire rendre les honneurs qui ſont différenciés par les diverſes batteries de tambour ; & leſdits Officiers rendront compte de cet ordre aux Officiers généraux qui paſſeront à leurs poſtes.

C C X C V I I I.

LES honneurs rendus par les différentes batteries de tambour, ceſſeront à la retraite, & ne recommenceront qu'à l'heure marquée pour battre l'aſſemblée des gardes.

C C X C I X.

ON ne laiſſera jamais paſſer aucune troupe, telle qu'elle *Entrée & ſortie* puiſſe être, qui ſe préſentera pour entrer au camp pen- *du camp.* dant la nuit, à moins d'un ordre par écrit du Général de l'armée, ou du Major général ; on la fera reſter à l'écart juſqu'au jour, & l'on permettra ſeulement à un Officier d'aller chez le Général lui rendre compte.

C C E.

LES étrangers qui ſe préſenteront pour entrer au camp, & qui mériteront attention, ſeront conduits au Major général.

C C C I.

SI ce ſont des Trompettes ou Tambours venant de

48

l’armée ennemie, on leur fera bander les yeux avant de les conduire au Major général.

C C C I I.

A l’égard des déferteurs, on commencera par les dé-farmer : fi le logement du Major général étoit trop éloigné, ou qu’il n’y eût pas de fûreté à les y conduire, on les fera garder à vûe; on ne les laiffera pas même entrer dans le pofte, s’ils arrivent en grand nombre, & on les menera au camp avec le détachement en defcendant la garde.

C C C I I I.

LES gardes ordinaires qui feront en avant, & fur les flancs du camp, n’en laifferont fortir aucun Soldat, Cavalier ou Dragon; elles arrêteront ceux qui tenteroient de paffer au-delà, les enverront au Prevôt, & en donneront avis en même temps au Major général.

C C C I V.

LES gardes poftées fur les derrières du camp, obferveront la même chofe, à l’exception qu’elles laifferont paffer les Soldats, Cavaliers ou Dragons qui auront des congés en la forme prefcrite par les ordonnances.

C C C V.

ELLES ne cauferont les unes ni les autres aucun trouble ni empêchement aux allans & venans pour le commerce & la fubfiftance du camp, mais au contraire elles leur procureront toute la liberté & la fûreté néceffaires.

C C C V I.

Affiduité au pofte. LES Officiers, Sergens & Caporaux refteront affidument à leurs poftes pendant tout le temps de leur garde, & y contiendront exactement les Soldats, de manière que nul ne s’en écarte, fous tel prétexte que ce foit.

C C C V I I.

TOUT détachement pofté pour la fûreté de l’armée, ne changera jamais la pofition de fon pofte, & ne le quittera qu’après avoir été relevé par un autre détachement, ou par un ordre écrit, foit du Général, du Major général, ou du Major de brigade; à moins qu’un Officier

général

général de jour, le Brigadier, le Colonel ou le Lieutenant-colonel du piquet, ne vienne le déplacer ou le retirér.

C C C V I I I.

QUAND il y aura des consignes particulières, ou de nouveaux ordres à donner aux postes, ils ne pourront l'être que par les Officiers généraux de jour & les Officiers de piquet, ou par des billets signés du Major général ou du Major de brigade.

Consignes particulières.

C C C I X.

LES Commandans des postes écriront & enverront par des exprès, au Major général, toutes les nouvelles qu'ils apprendront des ennemis pendant la durée de leur garde, & qui mériteront attention.

Nouvelles des ennemis.

C C C X.

LE Lieutenant qui devra être détaché du poste du Capitaine, marchera avec lui jusqu'au poste que le Capitaine devra occuper, où il le quittera pour aller prendre le sien, conduit par un Soldat d'ordonnance.

Postes détachés.

C C C X I.

LE Lieutenant, avant de quitter le Capitaine, prendra de lui le mot de ralliement, qu'il ne donnera que le soir aux Sergens & Caporaux détachés avec lui.

C C C X I I.

IL n'enverra pas d'Ordonnance chez le Major de brigade, mais au poste du Capitaine.

C C C X I I I.

IL se conduira pour relever le poste, pour sa sûreté, & pour les autres choses qu'il aura à faire, de la même manière que le Capitaine le devra faire.

C C C X I V.

LORSQU'IL sera relevé, il viendra rejoindre le Capitaine à son poste pour retourner au camp avec lui, sans que l'un ni l'autre puisse s'en retourner séparément.

C C C X V.

LES Officiers de garde descendront exactement la parade à la tête du camp de leur régiment.

Rentrée au camp.

N

C C C X V I.

ILS y mettront leur détachement en bataille, pour examiner s'il n'y manquera perfonne; & après lui avoir fait faire demi-tour à droite & préfenter les armes, ils le congédieront.

C C C X V I I.

ILS iront enfuite rendre compte à leur Brigadier, des hommes qui pourront avoir quitté, & des autres chofes qui mériteront attention.

C C C X V I I I.

ILS informeront auffi le Major de leur brigade, de ce qui pourroit s'être paffé de nouveau; & celui-ci en rendra compte au Major général.

DES SENTINELLES.

C C C X I X.

Heures de faction. LES fentinelles des poftes feront relevés de deux heures en deux heures, fans qu'on puiffe les laiffer plus long-temps en faction.

C C C X X.

SI on campoit dans des temps de grandes gelées, on les relèveroit toutes les heures.

C C C X X I.

Pofe des fentinelles. AVANT que les fentinelles partent d'un pofte, ils feront préfentés à celui qui y commandera, lequel les fera mettre en haie, examinera s'ils feront en état, & les verra partir fous la conduite d'un Caporal qui marchera à la tête, les fentinelles le fuivant deux à deux.

C C C X X I I.

LES fentinelles allant relever, fuivront le Caporal, fans pouvoir s'en féparer pour l'aller attendre fur fon chemin.

C C C X X I I I.

CEUX qui feront relevés, le fuivront de même pour revenir au pofte; & aucun d'eux ne pourra pofer les armes qu'après que le Commandant l'aura vû.

C C C X X I V.

LES sentinelles, en se relevant, se présenteront les armes l'un à l'autre; & ils se donneront la consigne en présence de leur Caporal qui seul les écoutera.

C C C X X V.

AUCUN sentinelle ne se laissera jamais relever que par les Caporaux de son détachement.

C C C X X V I.

TOUT Soldat commandé, soit pour aller en faction, *Port des armes.* soit pour marcher à l'avant-garde, soit pour aller à la découverte ou en patrouille, marchera fusil sur le bras, la bayonnette au bout.

C C C X X V I I.

LES sentinelles étant aux drapeaux & aux faisceaux, ceux des postes placés pour la sûreté de l'armée, ceux de la garde du Prevôt, & autres chargés de garder des criminels, & ceux qui seront mis à des magasins, feront leur faction la bayonnette au bout du fusil qu'ils porteront sur le bras gauche, & ne présenteront les armes que lorsqu'il passera des troupes à portée d'eux, ou qu'ils croiront devoir se mettre en état de défense.

C C C X X V I I I.

LES sentinelles placés pour la garde de l'artillerie ou des poudres, feront faction l'épée à la main.

C C C X X I X.

LES sentinelles des gardes particulières des Princes & des Officiers généraux, faisant faction devant leur logis, y feront fusil sur l'épaule, sans avoir la bayonnette au bout, de même que tout autre sentinelle qui ne sera pas dans le cas des exceptions ci-dessus.

DES DÉTACHEMENS.

C C C X X X.

TOUT détachement sera formé à la tête de son régi- *Leur assemblée.* ment, & de là conduit par un Officier major à la tête du régiment chef de fa brigade, où le Major de brigade verra s'il ne lui manquera rien de ce qu'il devra avoir en munitions de guerre & en pain, pour le temps qui aura été ordonné, & en outils, dont le tiers des Soldats fera pourvû.

C C C X X X I.

L'OFFICIER major qui fera de piquet en chaque brigade, en conduira les détachemens aux rendez-vous indiqués, où il les remettra au Major de brigade de piquet qui fera chargé d'affembler la totalité des détachemens.

Il lui remettra en même temps les noms des Capitaines détachés; & il ne s'en ira point qu'il n'ait vû partir le détachement de fa brigade.

C C C X X X I I.

LORSQU'ON affemblera des détachemens pendant la nuit, chaque Officier major qui conduira les détachemens de fa brigade au rendez-vous, portera au Major de brigade de piquet, l'ordre, ou une copie de l'ordre qui aura été donné pour fournir ce détachement, ou un billet de fon Major de brigade, dans lequel le nombre d'hommes que la brigade aura dû fournir, fera marqué.

C C C X X X I I I.

Vifite du Major de brigade.

LES détachemens étant affemblés, le Major de brigade de piquet vifitera s'il ne leur manquera rien de ce qu'ils devront avoir pour le temps qui leur aura été ordonné; & il les mettra en bataille fuivant le rang de leurs brigades.

C C C X X X I V.

Rang & commandement des détachemens.

LES détachemens d'Infanterie, de quelque régiment qu'ils foient, marcheront entre eux fuivant le rang de la brigade de laquelle ils auront été tirés; mais les Capitaines commanderont fuivant l'ancienneté de leur régiment.

C C C X X X V.

SI cependant dans un détachement d'Infanterie, compofé de compagnies de Grenadiers & de piquets, il n'y avoit point d'autres Officiers pour le commander que les Capitaines de ce détachement, Sa Majefté veut qu'en ce cas le commandement du détachement appartiendra

aux

aux Capitaines de Grenadiers par préférence aux Capitaines de Fuſiliers qui ſeroient d'un régiment plus ancien; ſans que dans aucun autre cas, les Capitaines de Grenadiers puiſſent prétendre d'autre rang ni d'autre commandement que celui qui leur appartient en qualité de Capitaines d'Infanterie.

C C C X X X V I.

LORSQUE le plus ancien d'entre les détachemens ſe trouvera fourni par un régiment étranger, le plus ancien de ceux qui feront fournis par des régimens françois, le précédera, ſans que pour cette raiſon les Officiers détachés du régiment étranger perdent pour le commandement en campagne, le rang qui leur appartiendra par l'ancienneté dudit régiment.

C C C X X X V I I.

L'OFFICIER de grade ſupérieur, ſoit d'Infanterie ou de Cavalerie, commandera par-tout à celui d'un grade inférieur.

C C C X X X V I I I.

EN parité de grade, l'Officier d'Infanterie commandera dans les lieux fermés, par préférence à celui de Cavalerie; & lorſqu'ils ſe trouveront enſemble en campagne, ou dans des lieux ouverts, l'Officier de Cavalerie prendra le commandement par préférence à celui d'Infanterie.

C C C X X X I X.

DANS les détachemens mêlés d'Infanterie & de Dragons à pied, les Officiers d'Infanterie commanderont, à grade égal, à ceux de Dragons; bien entendu que dans les détachemens où les Dragons ſerviront à cheval, leurs Officiers, à grade égal, commanderont en campagne à ceux d'Infanterie.

C C C X L.

TOUT Officier d'Infanterie, de Cavalerie ou de Dragons, qui aura été nommé à l'ordre de l'armée pour commander un détachement compoſé d'Infanterie & de Cavalerie, ou de Dragons, le commandera pendant tout le temps que ce détachement ſera hors du camp, & dans quelque lieu qu'il ſe trouve.

O

C C C X L I.

LORSQUE l'Officier nommé à l'ordre pour commander un détachement composé d'Infanterie & de Cavalerie, ou de Dragons, fera tué, ou qu'il fe trouvera hors d'état de fuivre le détachement, fi les plus anciens Officiers de ces différens corps, qui auront marché avec lui, fe trouvent de même grade, le commandement du détachement appartiendra à l'Officier d'Infanterie, de Cavalerie ou de Dragons, fuivant la circonftance des lieux, ainfi qu'il eft expliqué ci-deffus, & paffera de l'un à l'autre à mefure que le détachement entrera dans un pofte fermé, ou qu'il en fortira.

C C C X L I I.

TOUT détachement qui fe trouvera dans le cas de fe mettre à couvert dans un lieu où il trouvera d'autres troupes établies pour la garde dudit lieu, foit que l'Officier qui le commandera ait été nommé à l'ordre ou non, fera aux ordres de celui qui commandera ledit pofte, pendant tout le temps que ledit Commandant du détachement jugera à propos de l'y faire refter, quand même le Commandant dudit pofte feroit inférieur en grade au Commandant du détachement; & le Commandant du pofte ne pourra y retenir le détachement, ni l'arrêter plus longtemps, fous quelque prétexte que ce foit.

C C C X L I I I.

SI plufieurs détachemens fe rencontrent enfemble dans un lieu fermé où il n'y aura point d'autre troupe établie, le commandement fera réglé entre eux pour tout le temps qu'ils feront enfemble, comme s'ils n'étoient qu'un feul & même détachement, fans néanmoins que le Commandant d'un détachement puiffe empêcher l'autre de fuivre fes ordres & fa deftination.

C C C X L I V.

Efcortes des convois d'artillerie.

LES Colonels & autres Officiers des troupes d'Infanterie qui feront commandés ou détachés pour efcorter l'artillerie, reconnoîtront l'Officier d'Artillerie qui la commandera, telle charge qu'il puiffe avoir, & feront tout ce qu'il leur demandera, soit pour l'heure du départ, soit pour l'ordre de la marche des voitures du convoi, les haltes, & la disposition du parc & des sentinelles qui devront le garder; mais pour ce qui regarde la défense du convoi, & les précautions à prendre pour le cas où il seroit attaqué, le Commandant des troupes de l'escorte en sera chargé personnellement.

C C C X L V.

LES troupes qui serviront d'escorte à un convoi d'artillerie, fourniront un Soldat d'ordonnance au logis ou à la tente de l'Officier d'artillerie commandant ledit convoi; & si cet Officier est Lieutenant d'artillerie ou d'un grade supérieur, il aura de plus un sentinelle à sa porte.

C C C X L V I.

TOUT Officier qui commandera un détachement *Mot* sortant du camp pour aller aux ennemis, donnera un *de ralliement.* mot de ralliement à sa troupe; & même, s'il en est besoin, un rendez-vous pour la rassembler.

C C C X L V I I.

LE Commandant d'un détachement pourra choisir *Détachemens* l'Officier qu'il lui plaira pour commander les coureurs *particuliers.* ou un détachement particulier.

C C C X L V I I I.

S'IL y a plusieurs Capitaines à un même détachement, *Plusieurs Capi-* chacun d'eux demeurera à la tête de son détachement. *taines au même détachement.*

C C C X L I X.

QUAND, au retour d'un détachement, il se trouvera *Retour* à la vûe du camp & en dedans des gardes ordinaires, *des détachemens.* l'Officier qui le commandera fera faire halte à son avant-garde, & mettra les troupes en bataille à mesure qu'elles arriveront, faisant face en dehors du camp.

C C C L.

LORSQUE son arrière-garde l'aura joint, il fera défiler devant lui chaque troupe, & les enverra à leur camp.

C C C L I.

IL examinera, avant de les faire défiler, s'il ne manquera

perſonne; & s'il trouve quelqu'un chargé de maraude,
il le fera conduire au Prevôt.

C C C L I I.

APRÈS avoir fait l'arrière-garde de tout le détachement, il ira rendre compte au Général de l'armée.

C C C L I I I.

SI le détachement eſt chargé d'eſcorter quelque convoi, il ne ſéparera point ſes troupes que tout le convoi
ne ſoit entré dans le camp.

C C C L I V.

LES détachemens de chaque régiment ne ſe ſépareront
qu'à la tête de leur régiment, & il ne ſera permis à aucun
Soldat de quitter plus tôt ſa troupe.

C C C L V.

LES Officiers qui auront commandé des détachemens,
en rendront compte à leur retour à leur Brigadier & à
leur Colonel, s'ils ſont au camp; & en leur abſence, au
Commandant de leur régiment.

C C C L V I.

ILS informeront auſſi le Major de brigade de ce qui
ſe ſera paſſé, pour qu'il puiſſe en rendre compte au Major
général.

C C C L V I I.

Compagnies de Grenadiers.

LES compagnies de Grenadiers commandées, ſeront
ſujettes à l'inſpection comme les détachemens: elles ſe
rendront pour cet effet à la tête du régiment chef de
brigade; & de là au rendez-vous général, & elles marcheront entre elles ſuivant le rang de leurs régimens.

D E S   M A R C H E S.

C C C L V I I I.

Ordre des batteries.

ON commencera par battre la Générale quand toute
l'Infanterie de l'armée devra marcher ou prendre les armes.

C C C L I X.

AU lieu de la Générale on battra aux champs en premier
lieu;

lieu, quand il n'y aura qu'une partie de l'Infanterie qui devra marcher.

C C C L X.

SOIT que l'Infanterie marche en tout ou en partie, les Tambours battront l'assemblée en second lieu, le drapeau en troisième, & la marche en quatrième.

C C C L X I.

DÈS que l'ordre aura été donné pour marcher, les Majors de brigade avertiront les Officiers détachés, de ce qui aura été ordonné pour eux.

Avis aux Officiers détachés.

C C C L X I I.

LORSQU'ON battra la Générale ou le Premier pour décamper, les Officiers de piquet des régimens qui devront marcher, monteront à cheval, ils se partageront à la tête, à la queue & sur les flancs du camp de chaque bataillon ; & ils feront poser des sentinelles d'augmentation où ils les jugeront nécessaires, afin d'empêcher les Soldats de sortir du camp.

Générale ou Premier.

C C C L X I I I.

LES Sergens & Caporaux feront détendre le camp, plier les tentes, & préparer les Soldats.

C C C L X I V.

Les vieilles gardes des Officiers généraux se retireront, & rentreront dans les régimens dont elles seront, pour marcher avec eux ; & les nouvelles marcheront avec les campemens, à moins qu'il ne soit ordonné de différer de les commander jusqu'à l'arrivée au nouveau camp.

C C C L X V.

AUSSI-TOST après la Générale, ou à telle autre heure qu'il sera ordonné, on fera conduire les convalescens au lieu qui aura été indiqué.

C C C L X V I.

LES nouvelles gardes & campemens se trouveront à l'heure précise au rendez-vous indiqué.

C C C L X V I I.

LES Officiers supérieurs de piquet s'y trouveront pareillement, marcheront avec les nouvelles gardes, &

s'emploieront, fous les ordres du Maréchal-de-camp de jour, à tout ce qui fera relatif à l'établiffement dans le nouveau camp.

Le Major de brigade de piquet s'y rendra auffi, & rangera les nouvelles gardés & campemens dans le même ordre que l'armée fera campée.

C C C L X V I I I.

LES Officiers qui commanderont les gardes ordinaires, marchant avec les campemens, feront arrêter les Soldats, Cavaliers, Dragons & autres qui s'y feront joints fans être commandés, & ils les feront attacher & conduire à la garde du Prevôt, comme maraudeurs.

C C C L X I X.

LA nouvelle garde du Prevôt marchera avec les campemens : elle fe tiendra à la tête du nouveau camp jufqu'à l'arrivée de l'armée ; elle ira alors au quartier général relever l'ancienne garde, & elle y conduira les prifonniers qui lui auront été remis.

C C C L X X.

LE nouveau Major de brigade de piquet fuivra le Maréchal-de-camp de jour, & les autres Officiers principaux de piquet, lorfqu'ils fe mettront en marche pour aller au nouveau camp.

C C C L X X·I.

A mefure que le Maréchal-de-camp de jour poftera chaque garde, un des Aide-majors généraux, ou à leur défaut, le Major de brigade de piquet, prendra note du lieu où elle fera poftée, & de la brigade dont elle fera, obfervant fi elle devra fe retrancher ; & il remettra au Maréchal-de-camp & au Major général, un état des gardes, où toutes ces chofes feront fpécifiées.

C C C L X X I I.

LE Major de brigade fortant de piquet, affemblera les détachemens qui feront commandés, foit pour efcorter les équipages, foit pour faire l'arrière-garde, ou pour toute autre commiffion.

C C C L X X I I I.

Il rassemblera aussi les vieilles gardes, qui n'ayant pas rejoint leurs corps devront faire l'arrière-garde ou en composer une partie.

C C C L X X I V.

A l'assemblée, tous les Officiers se trouveront à la tête *Assemblée.* de leur compagnie, pour contenir les Soldats & empêcher qu'ils ne s'écartent.

C C C L X X V.

Les Sergens & Caporaux tiendront la main à ce que chaque Soldat rassemble tout son équipage & ses outils, armemens, tentes, marmites & autres ustensiles; & ils empêcheront qu'il y ait de dispute entre eux pour les porter.

Ils leur feront éteindre exactement les feux, & empêcheront qu'ils ne brûlent la paille du camp, à quoi les Commandans des corps veilleront pareillement.

C C C L X X V I.

Les Officiers & Sergens mettront ensuite leurs compagnies en haie dans les grandes rues du camp, sans déborder le front de bandière; & les Sergens marqueront les rangs qu'elles devront former.

C C C L X X V I I.

Lorsqu'on battra aux drapeaux, les Soldats pren- *Aux drapeaux.* dront les armes, & les Caporaux se chargeront des faisceaux & manteaux d'armes.

C C C L X X V I I I.

Les Officiers de piquet ne quitteront point le camp, que tous les Soldats n'en soient sortis.

C C C L X X I X.

Quand le régiment chef de brigade fera former ses bataillons, les Majors des autres régimens de la brigade en feront de même, & la brigade marchera ensemble à la même hauteur.

C C C L X X X.

Le Major de chaque brigade qui devra marcher à *Formation* la tête d'une colonne, saura de l'Officier général qui la *des colonnes.*

conduira, par quelles divisions il ordonnera de faire rompre les bataillons pour les mettre en colonne; & cet ordre étant donné, les Majors s'avertiront diligemment d'un régiment à l'autre.

C C C L X X X I.

SOIT que les brigades marchent par leur droite ou par leur gauche, elles marcheront toûjours dans le même ordre qu'elles feront campées.

C C C L X X X I I.

DÈS que la brigade qui devra avoir la tête de la colonne, fera rompre fes bataillons pour fe mettre en colonne, les autres brigades fe rompront de même & en même temps, afin que la ligne fe déploie à la fois.

C C C L X X X I I I.

LORSQUE plufieurs brigades marcheront enfemble pendant quelques jours, & qu'il ne s'agira que de faire route, elles feront alternativement l'avant-garde & l'arrière-garde.

C C C L X X X I V.

Grenadiers & Piquets.

LA compagnie de Grenadiers & le piquet feront toûjours deux pelotons féparés, l'un à la tête, l'autre à la queue de chaque bataillon en colonne.

C C C L X X X V.

LES Officiers qui feront les premiers à marcher, fe tiendront à portée du piquet, pour pouvoir fe mettre à fa tête s'il étoit commandé pour quelque garde ou détachement; & en ce cas, leur détachement fera cenfé fait, s'ils ne rentrent pas au camp avec leur colonne.

C C C L X X X V I.

Travailleurs.

LORSQU'IL n'aura point été commandé de travailleurs pour marcher à la tête des colonnes, la brigade qui y fera, en fournira le nombre néceffaire pour les befoins imprévûs.

C C C L X X X V I I.

IL y aura de plus à la tête de chacune des autres brigades, cinquante travailleurs deftinés à réparer les chemins qui auront été gâtés par le paffage de celles qui les précéderont.

C C C L X X X V I I I.

CCCLXXXVIII.

LES Capitaines se tiendront pendant toute la marche, à la tête de leur compagnie ou division, les Lieutenans à la queue, & les Sergens sur les aîles des rangs : ils seront tous également responsables des Soldats de leurs compagnies qui pourroient s'écarter.

CCCLXXXIX.

LES Lieutenans remplaceront les Capitaines qui manqueront ; les Sergens remplaceront les Lieutenans, & les Caporaux remplaceront les Sergens.

CCCXC.

AUCUN Officier ne quittera sa division sans la permission du Commandant du régiment dont il sera.

CCCXCI.

ON nommera, s'il en est besoin, quelques Officiers pour marcher sur les aîles.

CCCXCII.

LE Commandant de chaque bataillon le verra défiler, comptera les Soldats par compagnie, & s'arrêtera de temps en temps pour renouveler cet examen.

CCCXCIII.

LES Officiers majors se promèneront de la tête à la queue de leurs régimens, pour examiner si les Officiers seront à leur place & feront leur devoir, & si les Soldats marcheront bien ; & ils en rendront compte au Commandant de leurs régimens.

Ils compteront les troupes pendant la marche, & donneront au Major général un état des hommes qui se feront écartés.

CCCXCIV.

LES Soldats se tiendront dans leurs rangs, sans pouvoir s'écarter à droite ni à gauche de la colonne.

CCCXCV.

ON obligera ceux qui auront des besoins, de laisser leur fusil à leurs camarades ; & un Sergent ou un Caporal restera avec eux pour les faire rejoindre diligemment.

Q

C C C X C V I.

Valets. LES Officiers pourront fe faire fuivre dans les marches, par leurs valets à cheval, qui en ce cas fe tiendront près de leurs maîtres dans les divifions, fans que fous ce prétexte aucun Officier puiffe y avoir aucun cheval de bât, ou autre bête d'équipage.

C C C X C V I I.

Faffage dans les villages. EN paffant dans les villages, on y laiffera de bataillon en bataillon des Officiers & Sergens, pour faire ferrer, & empêcher qu'aucun Soldat ne s'y arrête.

C C C X C V I I I.

Soldats écartés. SI quelque Soldat écarté fait du defordre, on enverra des Officiers pour l'arrêter.

C C C X C I X.

SI un Soldat eft rencontré hors de la marche de l'armée, fans que fon Capitaine ait averti le Commandant du régiment, & celui-ci le Brigadier, celui de ces Officiers qui y aura manqué, fera refponfable en fon propre & privé nom, du defordre que le Soldat aura fait.

C D.

LES Officiers, de tel corps qu'ils puiffent être, feront arrêter tout Soldat qui ne fera pas à fa troupe, quand même fon régiment feroit dans la colonne ; & ils le feront conduire à fon régiment lorfque l'on fera arrivé au nouveau camp.

C D I.

Main-forte au Prevôt. LES Commandans des régimens donneront main-forte au Prevôt, s'ils en font requis, & ils concourront avec lui pour empêcher le defordre.

C D I I.

Défenfe de tirer. ILS empêcheront que perfonne ne tire en marche, & feront arrêter les Soldats qui auront tiré ; lefquels feront mis pendant huit jours au piquet à la tête du camp.

C D I I I.

Voitures. ILS ne fouffriront dans les colonnes des troupes, fous tel prétexte que ce puiffe être, ni chaife, ni carroffe, ni aucune autre efpèce de voiture à roue.

C D I V.

Ils empêcheront que personne ne crie ni *halte*, ni *marche*, & qu'on ne fasse passer aucune parole.

Cris.

C D V.

Si les troupes de la queue d'une colonne ne peuvent suivre la tête, ou qu'il leur arrive quelque accident qui les oblige à s'arrêter, le Tambour qui marchera à la tête du bataillon demeuré en arrière, appellera ; les autres Tambours appelleront de bataillon en bataillon jusqu'à la tête qui fera halte, en attendant que le même Tambour qui aura commencé à appeler, batte aux champs ; & cependant le Commandant du bataillon qui fera arrêté, enverra un Officier à l'Officier général chargé de la conduite de la colonne, pour l'avertir de ce qui fera arrivé.

Haltes.

C D V I.

Lorsque les Princes du fang ou légitimés, les Maréchaux de France, & le Commandant de l'armée, quand même il ne feroit pas Maréchal de France, passeront le long d'une colonne qui fera en marche, les Soldats fans s'arrêter, porteront leur fufil fur l'épaule, & les Tambours battront aux champs.

Passage des Princes & Maréchaux de France, & du Commandant de l'armée.

Si la colonne est en halte, les bataillons fe mettront en bataille.

C D V I I.

Les bataillons en arrivant au nouveau camp, fe formeront en bataille à la tête du terrein qui leur fera deftiné.

Arrivée au nouveau camp.

Ils n'y entreront que lorfque toute la brigade fera arrivée, & que le Brigadier l'ordonnera.

C D V I I I.

Toutes les fois que l'on battra la Générale, fans qu'elle ait été ordonnée d'avance, les Majors de brigade fe rendront promptement auprès du Major général, afin de recevoir les ordres qu'il aura à leur diftribuer.

Générale imprévûe.

C D I X.

Le campement, en ce cas, fe tiendra prêt & affemblé à la tête de chaque brigade, jufqu'à ce qu'on le demande ; & l'on difpofera les Travailleurs, pour marcher à la tête des brigades.

DES E'QUIPAGES.

C D X.

TOUTES voitures à deux roues, à l'exception des chaifes, feront fupprimées dans les armées; & on ne s'y fervira que de chariots à quatre roues avec un timón; lefquels feront tirés au moins par quatre bons chevaux, attelés deux à deux.

C D X I.

LES feuls Officiers généraux pourront avoir, dans les armées, une berline ou une chaife.

C D X I I.

CEUX des Brigadiers, Colonels, Lieutenant-colonels ou autres anciens Officiers, qui pourroient avoir befoin d'une chaife, en demanderont la permiffion, que le Commandant de l'armée leur donnera par écrit, s'il le juge à propos.

C D X I I I.

LES Chirurgiens majors des régimens pourront avoir chacun une chaife.

C D X I V.

AUCUN Officier ne pourra fe fervir, fous quelque prétexte que ce puiffe être, pour conduire fon équipage, ou pour fon ufage particulier, d'aucune voiture, cheval ou mulet des équipages de l'Artillerie ou des Vivres.

C D X V.

IL leur fera également défendu de fe fervir des voitures & chevaux du pays, fans un ordre par écrit du Commandant de l'armée.

C D X V I.

CHAQUE bataillon pourra avoir un Vivandier, avec un chariot ; les autres Vivandiers n'auront que des chevaux de bât.

C D X V I I.

CHAQUE régiment d'Infanterie pourra avoir un Boulanger, avec un chariot.

CDXVIII.

C D X V I I I.

LES Officiers des régimens ne pourront fubftituer des chariots, à la place de ceux des Vivandiers & Boulangers qu'ils n'auroient pas à leur fuite.

C D X I X.

LES Brigadiers & les Colonels ne pourront avoir plus de feize chevaux d'équipages, y compris l'attelage d'une voiture à quatre roues feulement.

Nombre des chevaux.

C D X X.

LES Lieutenant-colonels, Capitaines & autres Officiers, ne pourront avoir un plus grand nombre de chevaux de monture ou de bât, que celui pour lequel ils reçoivent des fourrages, quand Sa Majefté leur en fait donner.

C D X X I.

LES Majors des régimens qui entreront en campagne, rendront un compte exact à ceux des Infpecteurs généraux qui verront lefdits régimens, de ce que chaque Officier du corps aura d'équipage, & de leur efpèce; Sa Majefté chargeant lefdits Infpecteurs, de tenir la main à l'exécution de ce qui eft ci-deffus prefcrit.

Compte du Major à l'Infpecteur.

C D X X I I.

L'ORDRE dans lequel devront marcher les équipages du quartier général, fera remis au Vaguemeftre général, qui les fera affembler les jours de marche dans le lieu indiqué, les y fera mettre chacun à fon rang, & les con- duira enfuite ou les fera conduire par un de fes Aides.

Ordre de marche des équipages du quartier général & des Officiers généraux.

C D X X I I I.

LES équipages des Officiers généraux marcheront, fuivant le rang defdits Officiers généraux, à la tête des équipages des troupes de leurs divifions.

C D X X I V.

QUI que ce foit ne donnera une efcorte armée à fon équipage, & n'enverra avec lui aucun Soldat : fi quelqu'un y contrevient, le Major du corps dont fera l'efcorte, en rendra compte au Major général.

C D X X V.

PERMET cependant Sa Majefté aux Officiers généraux,

R

dans le cas où leurs nouvelles gardes ne marcheront pas avec les campemens, de garder deux hommes de leur ancienne garde avec leurs équipages, dont un reſtera au nouveau logement pour les garder, & l'autre ira au camp chercher la nouvelle garde.

C D X X V I.

Vaguemeſtres.　CHAQUE Brigadier choiſira entre les Sergens de ſa brigade celui qu'il jugera le plus capable d'en être Vaguemeſtre, & il lui ſera donné trois livres par jour de marche.

C D X X V I I.

IL ſera choiſi de même par le Colonel dans chaque régiment, un Sergent pour être Vaguemeſtre particulier du corps; lequel recevra les ordres du Vaguemeſtre de brigade, & ſera payé à raiſon de vingt ſols par chaque jour de marche.

C D X X V I I I.

CES Vaguemeſtres feront envoyés au Vaguemeſtre général de l'armée, pour être par lui inſcrits ſur l'état qu'il en devra tenir; ſavoir, ceux des régimens, du jour de l'arrivée de leur régiment au camp, & ceux des brigades, du jour que leurs brigades auront été formées.

C D X X I X.

ILS feront payés ſur les certificats du Vaguemeſtre général, viſés du Maréchal général des logis de l'armée.

C D X X X.

LA veille de chaque jour de marche, les Vaguemeſtres de brigade iront recevoir l'ordre du Vaguemeſtre général, & ils le donneront enſuite aux Vaguemeſtres des régimens.

C D X X X I.

CHAQUE Vaguemeſtre particulier de régiment, en fera charger & atteler les équipages à l'heure qui lui aura été preſcrite par ſon Vaguemeſtre de brigade; & il les conduira lui-même au lieu ordonné, à la tête ou à la queue de la brigade.

C D X X X I I.

LES Vaguemeſtres des regimens ne ſouffriront point qu'aucun bagage ſe mette en marche, que le Vaguemeſtre

de la brigade ne foit venu l'ordonner; ce que les Vaguemeftres de brigade ne feront point, que le Vaguemeftre
général ne leur en ait envoyé l'ordre.

CDXXXIII.

LES Vaguemeftres feront arrêter tout charretier & conducteur de bagages, qui fe fera mis en marche avant
l'heure ordonnée.

CDXXXIV.

IL y aura à chaque régiment un fanion, qui fera porté *Fanions.*
par un des valets que le Major choifira, fur lequel fanion
le nom du régiment fera écrit.

CDXXXV.

LORSQUE le Vaguemeftre de brigade aura reçû l'ordre *Marche des*
pour marcher, il fera mettre en marche le bagage de *bagages des*
chaque régiment, fuivant le rang que ledit régiment *régimens.*
tiendra dans la brigade.

CDXXXVI.

LES Vaguemeftres des régimens difpoferont les équipages de chaque bataillon, fuivant l'ordre qui leur aura
été donné par le Major du corps.

CDXXXVII.

LE bagage du Brigadier marchera à la tête des équipages de la brigade, & devant ceux des régimens qui la
compoferont.

CDXXXVIII.

LE Vaguemeftre de chaque brigade en conduira les
équipages pendant la marche, en fuivant exactement les
guides qui conduiront la colonne, & fans les devancer.

CDXXXIX.

IL fera arrêter tous les valets qui voudroient paffer
devant le fanion de leur régiment.

CDXL.

IL veillera à ce que chaque Vaguemeftre particulier faffe
fon devoir, & à ce que l'ordre foit ponctuellement exécuté.

CDXLI.

CHACUN des Vaguemeftres particuliers des régimens,
fera affidu pendant la marche, auprès des bagages de fon

régiment, & tiendra la main à les faire avancer, & fuivre dans le rang où il les aura mis.

C D X L I I.

Efcortes des équipages.

IL fera commandé un détachement pour efcorter cha-que colonne d'équipage ; & l'Officier qui la commandera, devant être inftruit de l'ordre de la marche, aura foin de faire obferver exactement ce qui aura été ordonné, & de faire arrêter qui que ce foit qui voudra croifer la file.

C D X L I I I.

Places des valets & Vivandiers.

LES valets fe tiendront, dans les marches, à l'équipage de leur maître ; & les Vivandiers, dans le rang où ils devront être, fans s'écarter ni à droite ni à gauche.

C D X L I V.

E'quipages qui perdent la file.

LES équipages qui fe feront arrêtés pour quelque caufe que ce foit, ne pourront reprendre la file qu'à la queue des équipages de leur bataillon, de leur régiment ou de leur brigade ; & fi ceux de leur brigade étoient paffés avant qu'ils fuffent en état de marcher, ils feront obligés d'attendre que tous les équipages de la colonne foient paffés pour en prendre la queue.

C D X L V.

Défenfe de couper la file.

AUCUN charretier ni conducteur de bagages, ne coupera ni devancera l'équipage qui le précédera, à moins que celui-ci ne puiffe pas fuivre la colonne.

C D X L V I.

TOUS ceux qui contreviendront à ce qui eft prefcrit ci-deffus pour l'ordre de la marche des bagages, feront punis fuivant la rigueur des Ordonnances.

DES FOURRAGES.

C D X L V I I.

Fourrages parti-culiers défendus.

NUL ne pourra, fous tel prétexte que ce foit, fourrager furtivement & en particulier ; mais feulement dans les fourrages qui feront ordonnés pour la partie de l'armée à laquelle il fera attaché.

CDXLVIII.

CDXLVIII. .

LORSQU'IL y aura un fourrage commandé, on fera, dès la veille au soir, entourer le camp de chaque bataillon, de sentinelles qui n'en laisseront sortir aucun Soldat ni domestique, sans la permission du Capitaine de piquet. *Précautions pour empêcher qu'on ne sorte du camp.*

CDXLIX.

LES Officiers de piquet monteront à cheval au point du jour, & se promèneront autour du camp pour voir si les sentinelles feront leur devoir.

CDL.

AVANT que les fourrageurs partent du camp, le Vaguemestre de chaque régiment verra si aucun d'eux ne sera parti avant l'heure marquée; & en rendra compte au Major, qui les fera arrêter au retour.

CDLI.

ON commandera toûjours un Capitaine par brigade, & un Officier par bataillon, pour conduire les fourrageurs. *Officiers commandés.*

CDLII.

CES Officiers rassembleront les fourrageurs de la brigade, au temps marqué, & les conduiront de là dans l'ordre qui aura été réglé, jusqu'au lieu où l'on devra fourrager. *Départ pour le fourrage.*

CDLIII.

LES Officiers nommés pour conduire les fourrageurs d'un régiment, empêcheront qu'il ne se mêle avec eux aucun Cavalier, Dragon ou valet d'un autre régiment.

CDLIV.

LES Officiers qui feront détachés pour l'escorte des fourrages, ne pourront mener leurs fourrageurs avec eux, & ils n'en souffriront aucun à la suite de leur détachement. *Défenses.*

Ils empêcheront les Cavaliers, Dragons, Soldats, valets & Vivandiers, de s'écarter hors de l'enceinte ordonnée pour lesdits fourrages.

CDLV.

LES Officiers commandés, tant pour l'escorte que pour la conduite des fourrageurs, tiendront la main à ce qu'ils n'entrent dans aucun lieu où il y aura des sauvegardes,

& qu'on ne fourrage aucun Château, Eglife, Abbaye ou Maifon religieufe, fans un ordre exprès du Général, à moins qu'ils ne fe trouvent enclavés dans l'enceinte ordonnée pour le fourrage de l'armée.

C D L V I.

ILS veilleront auffi à ce qu'on ne mette le feu à aucun endroit, & qu'on ne prenne aucune chofe dans les lieux où il fera permis d'aller fourrager, que le fimple fourrage; à peine de répondre du defordre, & d'en payer le dommage.

C D L V I I.

TOUT fourrageur qui fera trouvé revenant du fourrage, lorfqu'on y conduira les autres, qui fe féparera de ceux de fon régiment, ou qui contreviendra, en quelqu'autre chofe que ce foit, à ce qui eft prefcrit, fera arrêté & conduit au Prevôt.

C D L V I I I.

Exercices. L'INFANTERIE prendra les armes les jours de fourrage, pour faire l'exercice.

L'on fera l'appel des compagnies, lorfqu'elles feront fous les armes; & les Majors de brigade rendront compte au Major général, de ceux qui manqueront.

C D L I X.

Légumes. ON mènera l'Infanterie aux légumes, lorfque le Général le jugera à propos: & pour cet effet, on commandera un nombre d'hommes par chambrée, avec des gens armés, que les Brigadiers & Colonels des brigades conduiront fur le terrein qui aura été reconnu, autour duquel on fera une efpèce de chaîne de gens armés, qui ne laifferont paffer perfonne au delà.

C D L X.

LES Soldats ayant eu le temps de raffembler & d'éplucher les légumes, feront ramenés au camp en bon ordre; & on ne fouffrira point qu'aucun d'eux refte derrière, ni qu'il y retourne.

DES DISTRIBUTIONS.

C D L X I.

LORSQU'IL y aura des diſtributions à faire, les Soldats *Officiers* y feront conduits en bon ordre, par des Officiers com- *commandés.* mandés à cet effet.

C D L X I I.

ON commandera au moins un Officier par bataillon, pour chaque diſtribution.

C D L X I I I.

IL fe trouvera de plus aux diſtributions, un Officier major par régiment, pour les faire faire en règle, & donner des reçûs de la fourniture qui aura été faite.

C D L X I V.

IL s'y trouvera auſſi un Commiſſaire des guerres, pré- *Commiſſaires.* poſé par l'Intendant de l'armée, pour régler, de concert avec l'Officier major, les difficultés qui pourroient furvenir: Sa Majeſté défendant expreſſément aux Officiers chargés de ces détails, de fe faire juſtice eux-mêmes.

C D L X V.

S'IL arrive pendant la diſtribution, des difficultés que *Difficultés* le Commiſſaire des guerres & les Officiers majors ne puiſ- *entre eux.* fent pas décider par eux-mêmes, le Commiſſaire en rendra compte à l'Intendant; & les Officiers majors, auſſi-tôt après leur retour au camp, en informeront le Major de leur brigade, qui en rendra compte fur le champ au Major général.

C D L X V I.

LES Officiers chargés de faire faire les diſtributions, *Formalités* ne s'y préfenteront qu'avec un état exact du nombre *à obſerver.* des rations qu'ils auront à demander pour chaque compagnie.

C D L X V I I.

ILS fe rendront d'abord où le Commis principal tiendra le bureau; & il leur donnera des Commis particuliers pour conduire chacun d'eux, avec fa troupe, au lieu où la diſtribution devra lui être faite.

CDLXVIII.

Reçûs. IL fera fait mention fur les reçûs, des quantités qui auront été délivrées pour chaque compagnie.

CDLXIX.

LE même ordre s'obfervera à toutes les diftributions, de quelqu'efpèce qu'elles puiffent être : & ce feront toûjours les mêmes Officiers, autant qu'il fera poffible, qui feront chargés de la même efpèce de diftributions.

CDLXX.

Détachemens. LORSQU'UIL fera fait des diftributions particulières à des détachemens, l'Officier ou Sergent qui en aura donné fon reçû, fera obligé d'en rendre compte, à fon retour au camp; afin que l'Officier chargé du détail, puiffe l'enregiftrer, & connoître fur qui la retenue en devra être faite, lorfqu'elle fera ordonnée.

DES PARTIS.

CDLXXI.

Paffeports du Général. NUL parti ne pourra fortir de l'armée qu'avec un paffeport du Général, figné de lui & cacheté de fes armes.

CDLXXII.

Nombre d'hommes. LES partis ne pourront être d'un moindre nombre d'hommes que de celui qui fera ftipulé par les cartels, lorfqu'il y en aura d'établis entre les Puiffances belligérantes ; auxquels cartels les conducteurs des partis feront tenus de fe conformer.

CDLXXIII.

Vente des prifes. LES effets pris par les partis qui auront été détachés d'une armée, ne pourront être vendus qu'à ladite armée, après que la prife en aura été jugée bonne.

CDLXXIV.

SI cependant le parti, ne pouvant revenir à l'armée, eft obligé de fe jeter dans une place, la prife pourra y être vendue à l'encan par le Major de la place, après qu'il en aura été dreffé procès verbal, & qu'elle aura été jugée bonne; & en ce cas, le Commandant du parti en

rapportera

rapportera un état détaillé & certifié du Major de ladite place.

CDLXXV.

LES Partifans, à leur retour au camp, s'adrefferont au Major général, & lui préfenteront leur prife.

CDLXXVI.

CEUX qui auront vendu dans le plat pays les effets prétendus pris fur les ennemis, feront réputés voleurs, & punis comme tels; & les particuliers qui auront reçû ou acheté ces effets, feront punis comme receleurs.

CDLXXVII.

LORSQUE le Commandant du parti, & les Soldats qui le compoferont, feront de la même brigade, la prife fera vendue à la tête de la brigade, & la vente faite par le Major de ladite brigade.

CDLXXVIII.

SI tout le parti eft d'un même régiment, la vente fera faite à la tête de ce régiment, par le Major particulier du corps.

CDLXXIX.

SI le Commandant du parti eft tout feul de fon corps, & que les Soldats foient d'un même régiment ou d'une même brigade, la vente fe fera à la tête du régiment ou de la brigade dont feront les Soldats.

CDLXXX.

QUAND un Officier, ayant paffeport, aura pris des Soldats volontaires de différentes brigades, la vente fe fera à la tête, & par le Major du régiment dont fera l'Officier.

CDLXXXI.

SI le Partifan qui aura pris fur fon paffeport des Soldats volontaires de différentes brigades, n'eft point Officier dans l'armée, la vente fe fera au quartier général.

CDLXXXII.

DANS tous les cas ci-deffus, les ventes pourront fe faire au quartier général, par l'ordre ou avec la permiffion du Général de l'armée, s'il juge qu'elles y foient plus avantageufement faites ou fi le Commandant du parti

T

le préfère; auquel cas il s'adreſſera au Major général pour le demander.

CDLXXXIII.

ON ne fera d'autre retenue ſur la vente, que celle du ſol pour livre au profit du Major qui l'aura faite, lequel ſera obligé de payer le Tambour, & de tenir un état des effets vendus, & de leur produit.

CDLXXXIV.

CHAQUE priſe ſera partagée comme il ſuit, entre les Officiers & Soldats du parti qui l'aura faite.

CDLXXXV.

LE Partiſan conducteur du parti, de quelque grade qu'il ſoit, prendra toûjours ſix parts comme chef; s'il eſt Capitaine, il en prendra encore ſix autres en cette qualité, quatre s'il eſt Lieutenant ou Sous-lieutenant, deux s'il eſt Sergent, & une s'il eſt ſimple Soldat.

CDLXXXVI.

SI le Partiſan n'avoit point d'emploi dans l'armée, & qu'y étant venu d'ailleurs on lui eût donné un paſſeport avec des Soldats de l'armée pour aller en parti, en ce cas il prendra deux parts, outre les ſix comme chef, s'il n'eſt point Officier; & s'il eſt Officier, il partagera ſuivant ſon grade.

CDLXXXVII.

QUAND il y aura dix chevaux pris, ou davantage, le chef du parti aura un cheval de préférence; mais il ne pourra le prétendre, ſi les chevaux pris ſont au deſſous de ce nombre.

CDLXXXVIII.

LORSQU'IL y aura deux Partiſans nommés dans le paſſeport, ils ne prendront qu'un cheval de préférence, dont le prix ſera partagé entre eux.

CDLXXXIX.

SI deux Partiſans ayant chacun un paſſeport ſéparé, s'étant joints, font une priſe enſemble, ils prendront chacun leur part comme s'ils étoient ſéparés : à l'égard du cheval de préférence, ils le partageront enſemble, quand il y aura moins de quinze chevaux pris; & s'il y en a ce nombre ou davantage, ils en prendront chacun un.

C D X C.

LES Officiers & Sergens du parti qui ne le commanderont pas, prendront le nombre de parts ci-deſſus expliqué, qui eſt de ſix pour le Capitaine, quatre pour le Lieutenant & le Sous-lieutenant, & deux pour le Sergent, & les Soldats chacun une.

C D X C I.

LES guides auront deux parts comme un Sergent.

C D X C I I.

S'IL y a des Soldats bleſſés qui n'aient pas pû rejoindre lors de la diſtribution du produit de la vente de la priſe, leur part reſtera entre les mains du Major du régiment, pour leur être délivrée à leur retour.

C D X C I I I.

SI un Soldat, revenant de parti, a perdu quelque choſe de ſon armement, habillement ou équipement, le Capitaine lui en fera retenir la valeur ſur ſa part de la priſe qui aura été faite par ledit détachement

DES SAUVEGARDES.

C D X C I V.

LES Soldats, Cavaliers & Dragons, que les Généraux des armées auront établis en ſauvegarde, ſeront reſpectés comme des ſentinelles, dans les lieux où ils ſeront établis.

C D X C V.

IL ſera défendu à tous Officiers & Soldats, de faire aucun tort à ceux à qui il aura été accordé des ſauvegardes, ni d'entrer dans les lieux dans leſquels ils auront retiré leurs effets; à peine aux Soldats, de la vie, & aux Officiers, de répondre en leur propre & privé nom, des dommages & intérêts qui auront été ſoufferts.

C D X C V I.

LES Majors des régimens tiendront un état exact des Soldats qui ſeront envoyés en ſauvegarde, des lieux où chacun d'eux fera envoyé, du jour de leur départ pour y aller, & de celui de leur retour.

CDXCVII.

LE pain & le prêt des Soldats envoyés en fauvegarde, appartiendront à leur chambrée pendant le temps qu'ils feront abfens.

CDXCVIII.

LES Soldats envoyés en fauvegarde toucheront, pendant les quinze premiers jours qu'ils y feront, la totalité de ce qui devra être payé chaque jour pour eux perfonnellement, dans les lieux où ils feront établis; mais audelà de ces quinze jours, ils ne toucheront que la moitié de ce bénéfice, & l'autre moitié fera retenue pour être partagée entre eux & les autres Soldats de leurs compagnies, à la fin de la campagne.

CDXCIX.

LES Majors des régimens auront foin de demander le retour des fauvegardes qu'ils auront fournies, quand les habitans des lieux où ces fauvegardes auront été établies, ne les ramèneront pas exactement à la fin du temps pour lequel elles leur auront été accordées, ou lorfque les armées s'éloigneront defdits lieux à la diftance de fix heures de chemin.

D.

LES habitans feront refponfables des violences qui pourront être faites aux fauvegardes qui leur auront été accordées, & tenus en ce cas des dédommagemens qu'il appartiendra.

DE LA DISCIPLINE ET POLICE
dans les Armées.

D I.

UN régiment ne prendra jamais les armes à l'armée fans la permiffion du Commandant, à moins qu'il ne lui foit ordonné fur le champ par un Officier général.

D I I.

AUCUN Officier ne pourra s'abfenter de l'armée, ni même

même en découcher, ne fût-ce que pour un jour , sans la permission par écrit du Commandant de l'armée ; & on s'adressera au Major général pour avoir cette permission.

D I I I.

LES Officiers ne pourront de même, sans la permission du Général, profiter de leur semestre, ni des congés qu'ils obtiendront.

D I V.

IL sera défendu à tous Officiers, Soldats, valets & au- *Chasse.* tres, de chasser & de tirer, soit dans les camps, marches, détachemens, fourrages & pâtures ; de pêcher, ni de couper les arbres fruitiers : les Commandans des corps puniront très-sévèrement ceux qui y contreviendront , & ils en rendront compte au Général.

D V.

IL ne pourra être établi dans le camp ni aux environs, *Jeux.* aucuns jeux de hasard, sous quelque nom qu'ils puissent être déguisés ; à peine, pour ceux qui donneront à jouer, d'une année de prison, & de quatre mois pour les Officiers qui auront joué : voulant Sa Majesté que les Commandans des corps y tiennent exactement la main.

D V I.

LES Officiers & Sergens de piquet, visiteront de temps en temps les lieux où les Soldats pourroient tenir des jeux dans le voisinage du camp ; & ils y enverront des patrouilles, pour arrêter ceux qui se trouveront en contravention.

D V I I.

SA MAJESTÉ payera la rançon des Officiers & Soldats *Prisonniers* qui seront faits prisonniers dans les actions de guerre ; *de guerre.* mais à l'égard de ceux qui auront été pris dans toute autre circonstance, les Officiers payeront leur rançon ; & celle des Soldats sera payée par leur Capitaine.

D V I I I.

DANS les vingt-quatre heures de la prise d'un Soldat, ou de la rentrée du détachement dans lequel il aura été pris, le Capitaine sera tenu d'en remettre une note au

Major du régiment; & celui-ci en fera part auffi-tôt au Major général.

D I X.

LE Major général tiendra un état par régiment & par compagnie, des Officiers d'Infanterie, & des Soldats qui auront été faits prifonniers de guerre; fur lequel il marquera les occafions où ils auront été pris, afin d'y avoir recours lorfqu'il s'agira de conftater par qui leur rançon devra être payée.

D X.

Déferteurs étrangers. AUCUN Officier ne pourra engager un Déferteur venant de l'ennemi ou de l'étranger, qu'après que le Major général lui en aura fait obtenir la permiffion du Général de l'armée.

Il ne pourra acheter fes armes ou fon cheval, fans la même permiffion.

D X I.

Chevaux perdus. LES chevaux qui feront trouvés fans maîtres ou fans conducteurs, dans le camp ou dans les environs, feront conduits chez le Prevôt de l'armée, qui les rendra à qui ils appartiendront.

D X I I.

ON reftituera de même, fans rien payer, ceux qui ayant été volés ou perdus, feront réclamés par leurs maîtres, quand même ils auroient été vendus par ceux qui les auroient volés ou trouvés; devant être défendu à qui que ce puiffe être, d'acheter des chevaux que d'un Officier connu.

D X I I I.

Domeftiques. PERSONNE ne pourra enrôler ni engager le domeftique d'un Officier, fans le congé de fon maître, non plus qu'aucun charretier ou autre homme fervant dans les équipages des vivres & de l'artillerie, s'il n'eft porteur d'un congé en bonne forme; à peine de nullité de l'engagement, & de perdre ce qui aura été donné au domeftique.

D X I V.

LES Officiers pourront reprendre leurs valets par-tout où ils les trouveront; & les valets qui les quitteront sans en avoir fait connoître les raisons au Commandant des corps, seront punis suivant la rigueur des ordonnances.

D X V.

TOUT valet qui, étant sorti de condition, voudra se retirer de l'armée, sera obligé de prendre un congé du Prevôt, qui lui servira de passeport.

D X V I.

IL sera défendu à toutes personnes d'aller au-devant *Vivres.* de ceux qui apporteront des vivres au camp, de leur faire aucun tort ni violence, ni d'en tirer aucune rétribution, & de donner aucuns empêchemens aux moulins; à peine aux Soldats, valets, Vivandiers & autres qui contreviendront à ces défenses, d'être envoyés au Prevôt, & punis sévèrement.

D X V I I.

QUI que ce soit qui sera trouvé chargé de hardes, *Maraude.* ou d'ustensiles prises en maraude, sera arrêté & envoyé au Prevôt.

D X V I I I.

LES Majors ne souffriront point qu'aucuns autres Vi- *Vivandiers.* vandiers que ceux de leur régiment, s'établissent dans le terrein qu'il occupera.

D X I X.

A l'égard du quartier général, aucun Vivandier ni Marchand ne pourra s'y établir, qu'il ne soit enregistré sur l'état qu'en tiendra le Prevôt de l'armée.

D X X.

AUCUN Soldat ne pourra aller camper au quartier général, sous quelque prétexte que ce soit, ni ailleurs que dans le terrein de son régiment, pour faire aucun métier ou commerce.

D X X I.

IL ne pourra non plus aller au quartier général, sous prétexte d'acheter des vivres, sans une permission par écrit de fon Capitaine, fignée du Major du régiment: laquelle permiffion ne pourra être accordée que pour y refter depuis fept heures jufqu'à onze heures du matin; à peine pour ceux qui y contreviendront, d'être arrêté par les gardes du quartier général, & remis au Prevôt.

D X X I I.

NUL Soldat ne pourra rien vendre dans le camp, fans une permiffion par écrit du Major de fon régiment; & cette permiffion ne s'étendra pas au delà du débit du pain, de l'eau de vie, du fel, des pipes, du tabac, du fil, des aiguilles, de la chandelle, du papier, des plumes & de l'encre: le furplus ne pouvant être vendu ni acheté qu'au quartier général, où fe tiendront les Marchands autorifés par le Prevôt de l'armée.

D X X I I I.

Paffage des gardes. AUCUNE perfonne fuivant l'armée, de quelque condition qu'elle foit, ne pourra paffer au delà des gardes ordinaires, fans la permiffion du Général; fous peine d'être envoyée au Prevôt.

La même défenfe fera faite aux Soldats, fous les peines portées par les ordonnances.

D X X I V.

VEUT Sa Majefté que les Capitaines ou Commandans des compagnies, dont les Soldats feront fortis du camp fans congé, & qui ne les auront pas dénoncés au Commandant de leur régiment, foient punis févèrement par le Général de l'armée.

D X X V.

Gens fans aveu. ON ne fouffrira point à la fuite des corps de gens fans aveu; & s'il s'y en trouve, ils feront envoyés au Prevôt.

D X X V I.

Envoi au Prevôt. LORSQU'ON enverra au Prevôt un Soldat, valet ou autre perfonne, le Major du régiment qui l'enverra, marquera fur un billet, le fujet pour lequel il y fera envoyé.

D X X V I I.

Prifonniers au poteau. ON fera planter un poteau au centre de chaque bataillon, pour y attacher les Soldats qui auront manqué

à

à quelque point de discipline, pour lequel ce châtiment est ordonné, ou ceux à qui leurs supérieurs croiront le devoir infliger.

DXXVIII.

LES Majors des régimens rendront compte exactement à leur Commandant & à leur Brigadier, de tout ce qui s'y passera de contraire à la discipline, & des punitions qui auront été ordonnées : les Brigadiers en informeront les Officiers généraux attachés aux divisions dont seront leurs brigades ; lesquels seront chargés de veiller à ce que les ordonnances de Sa Majesté soient ponctuellement exécutées en tous leurs points, par ceux qui seront sous leurs ordres ; & d'informer le Général de l'armée, de toutes les contraventions dont ils auront connoissance, afin qu'ils fassent subir aux coupables, sans aucun ménagement, les peines qu'ils auront encourues. *Compte à rendre.*

DES CONSEILS DE GUERRE,
& Exécutions.

DXXIX.

LORSQU'IL sera nécessaire de tenir le Conseil de guerre à l'armée, le Major du régiment dont sera l'accusé, s'adressera au Major général, pour en obtenir la permission du Général de l'armée ; & il en avertira le Brigadier. *Permission de tenir le Conseil de guerre.*

DXXX.

LES Majors des régimens instruiront les procès de tous les Soldats de leurs corps, qui seront contrevenus aux ordonnances militaires, excepté les cas qui sont réservés au Prevôt de l'armée, quand il se trouvera présent pour en prendre connoissance. *Instruction du procès.*

DXXXI.

CETTE exception doit s'étendre aussi sur les vols & autres délits qui concernent directement l'Artillerie : tous les Soldats qui en seront prévenus, devant être jugés à l'armée par les seuls Officiers de l'Artillerie, dans un Conseil de guerre qui s'affemblera pour cet effet chez celui qui commandera ladite Artillerie.

D X X X I I.

LE Commandant de la compagnie dont fera l'accufé, & à fon défaut, un Officier major du régiment, rendra fa plainte à celui qui le commandera, pour obtenir qu'il en foit informé; & il ne pourra refufer de la recevoir, fans des raifons très-graves, dont en ce cas, il informera fur le champ le Général.

D X X X I I I.

LA requête ayant été admife, & remife au Major, il procédera à l'information, l'interrogatoire de l'accufé, le récolement des témoins, & leur confrontation audit accufé; le tout en fuivant les formalités prefcrites par l'ordonnance Criminelle du mois d'août 1670; & de manière que la procédure foit parfaite en deux fois vingt-quatre heures au plus, à moins qu'il n'y ait des raifons confidérables qui exigent d'y employer un plus long temps.

D X X X I V.

Ordre d'affembler le Confeil de guerre.

LE procès étant en état, le Major en rendra compte au Commandant du régiment, qui ordonnera fans délai, la tenue du confeil de guerre.

D X X X V.

Officiers commandés.

LE Commandant du régiment nommera les Officiers du corps qui devront compofer le confeil de guerre; lefquels feront commandés à l'ordre la veille du jour qu'il devra fe tenir; & feront au moins au nombre de fept, compris le Préfident.

D X X X V I.

Affemblée des Juges.

TOUS les Officiers qui auront été commandés pour le confeil de guerre, fe rendront à la tente du Commandant du régiment, à l'heure de la matinée qui leur aura été prefcrite, étant à jeun, portant le hauffe-col, & ayant des guêtres; & ils iront enfemble entendre la Meffe avant de fe mettre en place.

D X X X V I I.

Ordre pour fiéger.

AU retour de la Meffe, le Commandant du régiment

s'étant affis, les autres Juges prendront leur place alternativement à fa droite & à fa gauche, fuivant leurs grades
& leur ancienneté, les Officiers réformés après les Officiers en pied de même grade.

DXXXVIII.

LE Commiffaire des guerres ayant la police du régi- *Commiffaires des guerres.*
ment, pourra affifter au confeil de guerre : en ce cas, il fe
mettra à la gauche du Préfident, & pourra repréfenter
aux Juges les ordonnances relatives au délit dont il fera
queftion ; mais il n'y aura point de voix délibérative.

DXXXIX.

LE Major s'affeoira vis-à-vis le Préfident, & apportera *Place du Major.*
les ordonnances militaires & les informations.

DXL.

LES Juges étant affis & couverts, après que le Préfi- *Rapport du procès.*
dent aura dit le fujet pour lequel le confeil de guerre
fera affemblé, le Major du régiment fera la lecture de
toute la procédure & de fes conclufions, qu'il fera tenu
de figner.

DXLI.

APRÈS la vifite & la lecture entière du procès, le *Interrogatoire.*
Préfident ordonnera que l'accufé foit amené devant
l'affemblée, où il le fera affeoir fur la fellète, fi les
conclufions tendent à une peine afflictive ; finon l'accufé
y comparoîtra debout.

DXLII.

LE Préfident, après lui avoir fait prêter ferment de
dire vérité, procédera à fon dernier interrogatoire :
chaque Juge pourra l'interroger à fon tour ; & on le fera
retirer quand les interrogatoires feront finis.

DXLIII.

L'ACCUSÉ étant forti, le Préfident prendra les voix *Manière d'opiner.*
pour le jugement.

DXLIV.

LE dernier Juge opinera le premier, & ainfi de fuite
en remontant jufqu'au Préfident qui opinera le dernier.

D X L V.

CELUI qui opinera, ôtera son chapeau, & dira à voix haute, que trouvant l'accusé convaincu, il le condamne à telle peine ordonnée pour tel crime; ou que le jugeant innocent, il le renvoie absous: ou si l'affaire lui paroît douteuse, faute de preuves, qu'il conclut à un plus amplement informé, l'accusé restant en prison.

D X L V I.

A· mesure que chaque Juge donnera son avis, il l'écrira au bas des conclusions du Major, & le signera.

D X L V I I.

L'AVIS le plus doux prévaudra dans les jugemens, si le plus sévère ne l'emporte de deux voix; & l'avis du Président ne sera compté que pour une voix, de même que celui des autres Juges.

D X L V I I I.

Sentence. L'ACCUSÉ étant jugé, le Major fera dresser la sentence suivant les modèles imprimés qui lui auront été envoyés; & tous les Juges signeront au bas, quand bien même ils auroient été d'avis différent de celui qui aura prévalu.

D X L I X.

LE Major ira ensuite au lieu où le prisonnier sera détenu; s'il est renvoyé absous, il sera mis en liberté aussi-tôt après que sa sentence lui aura été lûe; s'il est condamné à mort ou à une peine corporelle, le Major le fera mettre à genoux pendant qu'on lui lira sa Sentence : dans le premier cas on lui donnera aussi-tôt un Confesseur, & il sera exécuté dans la journée; dans le second, il restera en prison jusqu'au moment de l'exécution de sa condamnation.

D L.

Exécution. DÉFEND Sa Majesté aux Commandans des corps, d'ordonner ni souffrir, sous tel prétexte que ce puisse être, qu'il soit sursis à l'exécution d'un jugement du conseil de guerre, sans un ordre exprès de Sa Majesté.

D L I.

DÈS que le jugement aura été rendu, le Major du régiment

régiment en avertira le Major général, ainsi que de l'heure de l'exécution qui devra être faite, afin qu'en ce cas il y faffe trouver les piquets que le Général jugera à propos d'y envoyer.

D L I I.

LE régiment duquel fera le criminel, fera placé au centre du terrein où l'exécution devra fe faire; & les piquets de l'armée fe placeront à fa droite & à fa gauche, dans le même ordre qu'ils feront campés, formant le quarré, dont une face reftera ouverte fi le criminel doit paffer par les armes.

D L I I I.

LORSQUE l'on amènera le criminel fur le lieu de l'exécution, les troupes feront fous les armes, les Officiers à leur pofte, les Tambours battront aux champs; & il fera publié un ban portant défenfes de crier *grace*, fous peine de la vie.

D L I V.

LE criminel étant arrivé au centre des troupes, on le fera mettre à genoux, & on lui lira fa fentence à haute voix; après quoi on le conduira au lieu du fupplice.

D L V.

CELUI qui aura été condamné à être pendu, fera paffé par les armes au défaut d'Exécuteur; & en ce cas, il en fera fait mention au bas de la fentence.

D L V I.

LORSQU'APRÈS l'exécution on fera défiler les piquets devant le mort, ils défileront par la droite ou par la gauche, felon le chemin qu'ils devront prendre pour retourner à leur camp, gardant entre eux le même ordre dans lequel ils auront été placés, & laiffant marcher à la tête le régiment dont étoit le criminel. *Pour défiler devant le mort.*

D L V I I.

SI l'on jugeoit à propos de faire affifter à l'exécution les piquets d'une garnifon voifine du camp, ils prendront rang avec ceux de l'armée, fuivant celui du plus ancien *Piquets d'une garnifon voifine.*

Y

régiment de la garnifon, qui fera alors réputé être chef de brigade.

Envoi de
la fentence.

D L V I I I.

L'EXÉCUTION étant faite, le Major du régiment dans lequel le Confeil de guerre fe fera tenu, donnera une copie de la fentence au Major général, pour être par lui envoyée au Secrétaire d'Etat ayant le département de la guerre.

Confeil de
guerre tenu par
les Officiers de
la brigade.

D L I X.

SI le délit pour lequel le Confeil de guerre doit être affemblé, pouvoit fouffrir quelque difficulté, à l'occafion de laquelle le Général de l'armée jugeroit à propos d'ordonner qu'au lieu d'être tenu par les feuls Officiers du régiment, il feroit compofé de ceux des régimens de la brigade; en ce cas, le Major de la brigade fera tout ce qui eft prefcrit ci-deffus au Major du régiment, qui en verra feulement un Officier major pour affifter aux informations: & les Officiers des différens régimens de la brigade, fiégeront entre eux fuivant leur grade & l'ancienneté de leurs corps; à l'exception des réformés, qui prendront rang entre eux fuivant la date de leurs commiffions, lettres ou brevets.

Régimens
étrangers.

D L X.

LES régimens étrangers qui ont une juftice particulière, jugeront leurs Soldats fuivant les formes ufitées dans leur nation; mais ils feront affujétis à demander au Major général, la permiffion du Général pour tenir le Confeil de guerre, & à l'informer du jugement, pour avoir celle de le faire exécuter; ils devront auffi avertir leur Brigadier.

Jugement
des Officiers.

D L X I.

AUCUN Officier ne fera mis au Confeil de guerre fans un ordre de Sa Majefté, qui fera favoir fes intentions au Général, fur le compte qui lui fera rendu du délit, & de l'information qui en aura été faite.

DES HONNEURS MILITAIRES.

Drapeau blanc.

D L X I I.

LE drapeau blanc ne fe portera jamais à aucune garde,

de quelque régiment qu'elle soit, que lorsque le Colonel la montera pour Sa Majesté & pour Monsieur le Dauphin; bien entendu néanmoins, que si le Colonel étoit absent, on ne porteroit pas moins le drapeau blanc à la garde qu'il devroit monter étant présent.

D L X I I I.

LA garde des Princes du sang & légitimés de France, & des Maréchaux de France, sera de cinquante hommes, commandés par un Capitaine & autres Officiers à proportion, avec un drapeau de couleur & un Tambour qui battra aux champs.

Gardes des Princes du sang & des Maréchaux de France.

D L X I V.

LE plus ancien des régimens de l'armée la fournira chez le premier des Princes du sang; & ceux qui le suivront, monteront successivement chez les autres Princes & chez les Maréchaux de France.

D L X V.

LORSQUE les Princes du sang & légitimés de France, & les Maréchaux de France, iront les uns chez les autres, leurs gardes prendront les armes, & les Tambours battront aux champs.

D L X V I.

LES gardes des Officiers généraux prendront les armes pour les Princes & Maréchaux de France, lorsqu'ils passeront devant elles; & celles qui auront des Tambours battront aux champs.

D L X V I I.

LES Tambours battront toûjours aux champs pour ceux à qui il sera dû une garde avec un drapeau.

D L X V I I I.

LE Lieutenant général commandant une armée en chef, aura pour sa garde cinquante hommes sans drapeau, commandés par un Capitaine, & le Tambour appellera.

Gardes des Officiers généraux.

D L X I X.

LES Lieutenans généraux employés dans les armées, auront trente hommes commandés par un Officier, & le Tambour appellera.

D L X X.

LE Maréchal-de-camp qui aura un ordre pour commander en chef un corps de troupes, aura trente hommes & un Officier, & le Tambour appellera.

D L X X I.

LES Maréchaux-de-camp employés, auront quinze hommes & un Sergent; le Tambour conduira la garde & n'y reſtera pas.

D L X X I I.

LES gardes des Officiers généraux prendront les armes lorſqu'il paſſera une troupe devant leur logis; & leur Tambour battra, ſi cette troupe marche Tambour battant ou Trompette ſonnante.

D L X X I I I.

Garde des Brigadiers. LE Brigadier d'Infanterie qui aura un ordre pour commander en chef un corps de troupes, aura la même garde qu'un Maréchal-de-camp employé.

D L X X I V.

CELUI qui commandera une brigade, aura dix hommes & un Caporal, qui ſeront fournis par les troupes de cette brigade lorſqu'il ſera logé ou campé dans le terrein qu'elle occupera; & comme cette garde ne ſera que pour ſes équipages, elle ne prendra les armes pour qui que ce ſoit; & elle ſe mettra ſeulement en haie ſans armes, lorſque le Brigadier entrera ou ſortira.

D L X X V.

Préſenter les armes. L'INFANTERIE ne préſentera jamais les armes que pour le Roi, Monſieur le Dauphin, les Princes du ſang & légitimés de France, & les Maréchaux de France.

D L X X V I.

Salut. TOUTES les fois que les Princes du ſang & légitimés de France, & les Maréchaux de France, verront les troupes ſous les armes, ils ſeront ſalués du drapeau & de l'eſponton.

D L X X V I I.

UN Lieutenant général commandant en chef, ſera ſalué deux fois de l'eſponton; la première en entrant en campagne, & la ſeconde en ſortant: il ſera ſalué de même

la

la première fois qu'il verra les troupes dans leurs quartiers
d'hiver, & lorsqu'elles en sortiront.

DLXXVIII.

LES gardes de la tête du camp prendront les armes *Gardes du camp.*
pour les Princes du sang & légitimés de France, les Maréchaux de France, & le Commandant de l'armée ou du
corps de troupes ; & les Tambours battront aux champs.

DLXXIX.

ELLES se mettront sous les armes & en haie pour les
Lieutenans généraux & les Maréchaux-de-camp de jour ;
& le Tambour ne battra pas.

DLXXX.

QUANT aux gardes des postes autour de l'armée, elles *Gardes*
prendront les armes dès qu'elles verront venir à elles *des postes.*
quatre ou cinq personnes ; & lorsqu'elles les auront fait
reconnoître, elles les recevront suivant leurs dignités,
battront aux champs pour les Princes du sang & légitimés,
& pour les Maréchaux de France ; appelleront pour un
Lieutenant général, même quand il commandera l'armée ;
& se mettront sous les armes, le Tambour prêt à battre,
pour un Maréchal-de-camp.

DLXXXI.

LORSQUE les Inspecteurs généraux & le Major général jugeront à propos de visiter les postes de l'armée, on
leur rendra les honneurs dûs à leurs grades, soit qu'ils
soient de jour ou non.

DLXXXII.

LES Brigadiers qui les visiteront, seront reçûs, la garde
se reposant sur les armes, l'Officier à la tête, ayant l'es-
ponton près de lui.

DLXXXIII.

POUR un Colonel qui ira les voir, les Soldats se trouveront à leurs armes, qui seront à terre ; & l'Officier sera
près d'eux pour rendre compte du poste.

DLXXXIV.

LES piquets ne rendront aucuns honneurs ; & ce qu'ils *Piquets.*

Z

doivent obferver, lors du paffage des Princes & Officiers généraux, eft expliqué au titre du Piquet.

D L X X X X V.

Défenfe de rendre d'autres honneurs que ceux qui font réglés.

IL ne fera donné aucune garde, ni établi aucune fentinelle à aucuns équipages, autres que celles ordonnées par Sa Majefté; & fi quelqu'un en exige au delà de ce qui eft prefcrit, les Majors des régimens en feront refponfables, s'ils n'en rendent compte auffi-tôt au Major général.

D L X X X X V I.

NE feront néanmoins comprifes dans cette défenfe, les gardes qu'il eft d'ufage de donner aux Intendans des armées, aux Tréforiers & autres, que le Major général continuera de commander comme par le paffé.

D L X X X X V I I.

Troupes qui fe rencontrent.

LES troupes qui fe rencontreront en marche, fe céderont mutuellement la droite.

DES HONNEURS FUNE'BRES.

D L X X X V I I I.

Maréchaux de France.

POUR un Maréchal de France qui mourra à l'armée, il fera tiré un coup de canon de demi-heure en demi-heure, jufqu'au départ de fon convoi.

D L X X X I X.

TOUTE l'armée prendra les armes, & fe tiendra en bataille pendant la marche du convoi, qui fera précédé par la plus ancienne brigade de Cavalerie & d'Infanterie, ayant à fa tête douze pièces de canon de campagne.

D X C.

LORSQUE le corps fera mis en terre, ou dépofé, il fera fait trois décharges des douze pièces de canon, & de la moufqueterie des troupes, finiffant par celles qui auront marché au convoi; lefquelles feront la dernière en défilant devant la porte de l'églife.

D X C I.

Lieutenant général commandant.

POUR un Lieutenant général commandant l'armée

en chef, il fera tiré un coup de canon de demi-heure
en demi-heure, jufqu'au départ du convoi.

D X C I I.

TOUTE l'armée prendra les armes, & fe tiendra en
bataille pendant la marche du convoi, qui fera précédé
par le plus ancien régiment de Cavalerie & d'Infanterie,
ayant à leur tête cinq pièces de canon de campagne.

D X C I I I.

IL fera fait, au moment de la fépulture, trois décharges des cinq pièces de canon, & de la moufqueterie des
troupes, finiffant par celles du convoi, qui feront la dernière en défilant.

D X C I V.

POUR un Maréchal de camp commandant un corps *Maréchal de-*
de troupes en chef, toute l'armée prendra les armes, & *camp comman-*
fe tiendra en bataille pendant la marche du convoi, qui *dant.*
fera précédé par un efcadron & un bataillon du plus
ancien régiment de Cavalerie & d'Infanterie; & il fera fait
trois décharges générales de la moufqueterie des troupes,
qui finiront, comme il a été dit, par celles du convoi.

D X C V.

POUR un Lieutenant général employé à l'armée, *Lieutenant*
tous les piquets prendront les armes, marcheront avec le *général.*
convoi, & feront trois décharges.

D X C V I.

POUR un Maréchal-de-camp, la moitié des piquets *Maréchal-*
prendra les armes, marchera au convoi, & fera trois *de-camp.*
décharges.

D X C V I I.

POUR un Brigadier d'Infanterie; s'il eft Colonel, fon *Brigadier.*
régiment entier marchera avec deux piquets de chacun
des autres bataillons de fa brigade; s'il n'a point de régiment, on commandera cinq cens hommes de la brigade;
& tout ce qui aura marché fera trois décharges.

D X C V I I I.

POUR un Colonel étant à fon régiment, le régiment *Colonel.*
tout entier prendra les armes, & marchera au convoi.

Si le Colonel n'étoit pas à son régiment, ou qu'il fût réformé ou par commission, on commandera deux cens hommes, sans drapeau.

D X C I X.

Lieutenant-colonel. POUR un Lieutenant-colonel en pied, on commandera cent cinquante hommes du régiment, avec un drapeau.

S'il est réformé ou par commission, on commandera cent cinquante hommes, sans drapeau.

D C.

Autres Officiers. POUR un Commandant de bataillon, cent hommes, sans drapeau.

Pour un Major ou Capitaine, cinquante hommes.

Pour un Lieutenant ou Sous-lieutenant, trente hommes.

Et pour un Sergent, quinze hommes.

Le tout du régiment dont sera le défunt.

D C I.

Armes traînantes. LES Troupes qui marcheront aux convois, porteront les armes traînantes, & feront trois décharges.

D C I I.

ELLES feront toûjours commandées par un Officier du même grade que le défunt.

D C I I I.

Coins du poéle. LES Officiers qui devront porter les quatre coins du poêle, feront aussi du même grade.

D C I V.

Crêpes. IL sera mis, autant qu'il se pourra, des crêpes aux drapeaux que l'on portera aux convois; & les caisses des Tambours feront couvertes de serge noire.

D C V.

LES crêpes qui feront mis aux drapeaux des régimens, à la mort de leur Colonel, y resteront jusqu'à ce qu'il ait été remplacé.

DES SCELLÉS ET INVENTAIRES.

D C V I.

LORSQU'UN Officier d'Infanterie mourra à l'armée,

ou

ou dans un quartier de cantonnement, le Major du régiment, auffi-tôt qu'il en fera averti, fe tranfportera à la tente ou au logement du défunt, pour y faire l'inventaire de fes effets & équipages, ou pour mettre le fcellé fur lefdits effets, s'il ne peut pas en faire l'inventaire dans le moment.

D C V I I.

IL remettra lefdits effets aux héritiers, s'il s'en préfente *Vente.* qui veulent acquitter fur le champ les dettes de la fucceffion, finon il en fera faire diligemment la vente à l'encan.

D C V I I I.

IL ne pourra retenir que le fol pour livre fur le pro- *Retenue & paye-* duit de la vente, pour le dédommager de fes frais : après *ment des dettes.* quoi il acquittera les frais funéraires, ceux de la maladie, les gages des valets, & ce qui fera dû au régiment, ainfi qu'aux Vivandiers & Marchands à la fuite de l'armée ; bien entendu qu'il conftatera toutes ces dettes, & qu'il tirera des quittances des payemens.

D C I X.

IL gardera entre fes mains le furplus de l'argent de la *Remife* fucceffion, avec l'inventaire & les pièces juftificatives des *du furplus.* payemens qu'il aura faits, ainfi que les papiers & les effets qui n'auront pû être vendus, afin de remettre le tout aux héritiers naturels, ou à leurs chargés de procuration, defquels il retirera une quittance de décharge en bonne forme ; à l'effet de quoi il aura foin d'avertir les parens du défunt.

D C X.

L'ÉPÉE que portoit ordinairement le défunt, fera mife *Epée.* fur fon cercueil lors de fon enterrement, & elle appartiendra au Major, comme un honoraire, en confidération du foin qu'il prendra de lui faire rendre les honneurs attribués à fon grade.

D C X I.

SI cependant le prix de cette épée étoit néceffaire

A a

pour payer les frais funéraires, & autres dettes ci-deſſus ſpécifiées, il y ſeroit employé par préférence.

DES SIEGES.

D C X I I.

Service des troupes. LES troupes deſtinées à faire un ſiége, feront un double ſervice; l'un, qui ſera le ſervice ordinaire de l'armée, ſe fera par brigades, qui demeureront formées comme elles l'auront été depuis le commencement de la campagne ; l'autre ſervice ſera celui du ſiége, & ſe fera par régimens commandés chacun à leur rang.

D C X I I I.

LORSQUE le Commandant de l'armée aura réglé le nombre de bataillons qui devront être chaque jour à la tranchée, l'Infanterie employée au ſiége, ſera partagée en conſéquence, de manière qu'un même bataillon ne monte point une ſeconde fois la tranchée, que tous les autres ne l'aient montée une fois, & qu'il y ait autant d'anciens régimens deſtinés à être chefs de tranchée, qu'il faudra de jours pour couler à fond toute l'Infanterie.

D C X I V.

L'ANCIEN des régimens commandés pour la tranchée de chaque jour, ſera le premier d'entre eux ou le chef de tranchée, & les autres régimens ou bataillons, ſeront diſpoſés après lui ſelon l'ancienneté des corps, ſans avoir égard à la brigade dont ils auront été tirés.

D C X V.

LORSQU'IL y aura pluſieurs attaques ſéparées, chaque attaque aura ſon régiment chef de tranchée.

D C X V I.

LES régimens qui devront monter la tranchée, ſeront toûjours commandés la veille, & ils ne fourniront point de garde les jours qu'ils feront de tranchée.

D C X V I I.

LES compagnies de Grenadiers monteront toûjours

avec leurs bataillons, & on aura foin qu'elles foient complettes.

Elles feront encore commandées à leur rang, quand leurs bataillons ne feront point de tranchée; foit pour renforcer la tranchée, ou pour les attaques qui feront ordonnées.

D C X V I I I.

Aucun Officier ni Soldat des régimens commandés pour la tranchée, ne pourra fe difpenfer de la monter, s'il n'eft réellement malade; à la feule exception de la garde du camp qui y reftera avec le Sergent qui la commandera.

D C X I X.

Les Colonels qui ne feront pas Brigadiers, monteront la tranchée avec leur régiment; & s'il arrive que tous les bataillons de leur régiment ne la montent pas en même temps, ils la monteront feulement avec leur premier bataillon; & les autres bataillons qui monteront féparément, feront commandés par leurs Commandans de bataillon.

D C X X.

Outre les Officiers généraux qui feront journellement de tranchée, il y aura un ou plufieurs Brigadiers de tranchée, felon que le Général le jugera à propos, dont le fervice commencera par la tête à chaque fiége; & les Colonels ou autres Officiers qui auront ce grade, ne monteront point la tranchée avec leur régiment, à moins qu'ils ne fe trouvent commandés en même temps à leur rang de Brigadier.

Brigadiers de tranchée.

D C X X I.

Lorsque les régimens des Gardes-françoifes & Suiffes monteront la tranchée, il n'y aura pas de Brigadier de tranchée qui ne foit de leur corps.

D C X X I I.

Sa Majesté défend aux Brigadiers de tranchée d'y faire porter des haltes, voulant que chacun ait à fe précautionner en son particulier, des vivres néceſſaires pour le temps qu'il y devra reſter.

D C X X I I I.

Major de tranchée. LE Major du régiment, chef de tranchée, ſera Major de la tranchée ; & en ſon abſence, il ſera remplacé par le Major du ſecond régiment de la tranchée.

D C X X I V.

LE Major de tranchée en fera le detail, quant au ſervice des troupes, pendant les vingt-quatre heures qu'il y ſera, & y veillera à l'exacte obſervation de tout ce qui ſera ordonné.

D C X X V.

IL fera d'avance la viſite de tous les poſtes de la tranchée, & les viſitera encore lorſque les troupes y ſeront établies ; & il en prendra l'état, afin de pouvoir faire paſſer promptement à chacun les ordres des Officiers généraux, à portée deſquels il ſe tiendra pour les recevoir.

D C X X V I.

IL ſaura d'eux, ſur toutes choſes, les lieux où ils ordonneront aux troupes de ſe raſſembler en cas de ſortie de la part des aſſiégés ; & il aura ſoin de les en inſtruire.

D C X X V I I.

Officier prépoſé au détail de la tranchée. LORSQUE le Général jugera à propos de prépoſer un Officier aux détails de la tranchée, cet Officier ſera chargé de recevoir toutes les munitions qui ſeront apportées à la queue de la tranchée, comme ſacs à terre, faſcines, claies, gabions & autres, dont il tiendra des états.

D C X X V I I I.

IL fera délivrer les ſacs à terre & les outils néceſſaires pour les ouvrages, & il aura ſoin de faire retirer les uns & les autres lorſque l'on n'en fera pas d'uſage.

D C X X I X.

IL aura auſſi ſoin qu'il y ait toûjours des brancards & des gens prêts pour les porter, afin d'aller chercher les bleſſés.

D C X X X.

IL comptera tous les détachemens de Travailleurs lorſqu'ils

lorſqu'ils entreront à la tranchée, & en rendra compte au Major général.

DCXXXI.

IL lui donnera de même un état des Travailleurs des bataillons de tranchée, que les Officiers généraux de tranchée auront fait employer.

DCXXXII.

IL donnera des billets pour prendre au dépôt de l'artillerie les munitions de guerre dont les troupes de la tranchée auront beſoin.

DCXXXIII.

IL remettra tous les jours au Major général, un état de tous les ordres & certificats qu'il aura donnés, ainſi que l'état des dépôts qui auront été commis à ſes ſoins.

DCXXXIV.

IL remettra pareillement tous les jours au Major général, un état, par régiment, des morts & des bleſſés.

DCXXXV.

IL veillera au ſurplus, à ce que tout ſe paſſe en règle dans la tranchée; à l'exception néanmoins de la diſpoſition des troupes, qui doit regarder uniquement le Major de la tranchée.

DCXXXVI.

LA tranchée ſera relevée toutes les vingt-quatre heures, ſans que les troupes puiſſent y demeurer plus long-temps, à moins d'un ordre du Général; auquel cas les nouvelles troupes de tranchée prendront la queue de celles qui y ſeront déjà.

Pour monter la tranchée.

DCXXXVII.

LE Général ayant fixé l'heure à laquelle on devra monter la tranchée, & le lieu de rendez-vous pour y aſſembler les troupes, elles s'y rendront aſſez à l'avance pour que les Inſpecteurs généraux & le Major général aient le temps d'en faire l'inſpection.

DCXXXVIII,

LORSQUE les troupes ſeront arrivées au rendez-vous,

B b

le Major de tranchée les difpofera fuivant l'ordre dans lequel elles devront occuper la tranchée.

DCXXXIX.

LES compagnies de Grenadiers dont les bataillons monteront la tranchée , feront toûjours les premières ; après elles il y aura un piquet de cinquante hommes de chacun defdits bataillons, & enfuite les bataillons à leur rang.

D C X L.

LORSQU'IL aura été commandé des compagnies de Grenadiers, autres que celles des bataillons de tranchée, elles fuivront les compagnies de Grenadiers defdits bataillons, fans pouvoir paffer devant elles, de quelque régiment qu'elles foient.

D C X L I.

LORSQUE le Général jugera à propos de faire monter la tranchée à des détachemens de Carabiniers & de Dragons, ils marcheront entre les compagnies de Grenadiers & les piquets.

D C X L I I.

LES bataillons de tranchée feront partagés par piquets de cinquante hommes chacun, commandés par un Capitaine, un Lieutenant, & un Sous-lieutenant, lorfque Sa Majefté entretiendra des troifièmes Officiers dans les compagnies.

D C X L I I I.

LES drapeaux feront portés à la tête du piquet qui fera au centre de leur bataillon.

D C X L I V.

LES Officiers qui, par leur tour à marcher, ne fe trouveront pas commandés avec un des piquets, fe tiendront avec les drapeaux.

D C X L V.

LES Tambours feront partagés également au premier & au dernier piquet de chaque bataillon , & il en marchera un feulement avec chaque piquet qui fera commandé féparément pendant le temps de la tranchée.

DCXLVI.

LE service devant commencer par la tête à chaque siége, le premier Capitaine à marcher pour le service du siége, sera commandé avec le piquet détaché à la suite des Grenadiers, au moyen de quoi il aura fait son tour de service de siége.

DCXLVII.

LE Capitaine qui devra marcher ensuite, commandera le premier piquet à la tête du bataillon, & ainsi des autres jusqu'au dernier; mais le tour de ceux-ci ne sera censé fait que quand leurs piquets auront été demandés & employés séparément de leurs bataillons.

DCXLVIII.

CHAQUE bataillon, chaque compagnie de Grenadiers, & chaque piquet détaché étant de tranchée, enverront, avant l'heure d'être relevés, un Fusilier d'ordonnance à la queue de la tranchée, pour conduire les troupes qui devront les relever.

DCXLIX.

LE Major de tranchée distribuera les ordonnances, de sorte que chaque troupe de la nouvelle tranchée soit conduite en droiture au poste qu'elle devra occuper : quant aux bataillons, ils se relèveront l'un l'autre suivant leur rang.

DCL.

LORSQUE les nouvelles troupes de tranchée arriveront, celles qui devront la descendre leur céderont le côté le plus près de l'épaulement.

DCLI.

TOUTES les troupes, soit en montant, soit en descendant la tranchée, marcheront Tambour battant & enseignes déployées, portant le fusil sur l'épaule jusqu'au lieu où elles devront commencer à défiler; où ayant mis la bayonnette au bout du fusil, & ôté le tampon de dessus le bassinet, elles porteront le fusil sur le bras gauche.

DCLII.

LORSQUE les troupes auront pris leur poste dans

la tranchée, les Enfeignes planteront leurs drapeaux fur l'épaulement, & on mettra des fentinelles de diftance en diftance.

D C L I I I.

Il fera configné à ces fentinelles, d'avertir de ce qu'ils pourront voir fortir de la place, & des bombes qui en partiront.

D C L I V.

Les Officiers feront travailler chaque Soldat dans fon terrein, à élargir la tranchée, & à épaiffir l'épaulement, pour s'y mettre à couvert du feu de la place.

D C L V.

On ne rendra dans la tranchée aucuns honneurs à qui que ce foit; & lorfque le Général de l'armée, ou les Officiers généraux de tranchée, la vifiteront, les Soldats fe tiendront feulement debout, le fufil fur le bras gauche, faifant face à l'épaulement, & prêts à monter fur la banquette; & l'Officier fera debout, près d'eux, l'efponton à la main.

D C L V I.

Pour defcendre la tranchée.

Lorsque les troupes fortiront de la tranchée, elles marcheront en colonne renverfée, le dernier bataillon marchant le premier, & la compagnie de Grenadiers du premier régiment de tranchée, faifant l'arrière-garde du tout.

D C L V I I.

Les troupes étant hors de la tranchée, les Commandans des bataillons leur feront faire halte pour les raffembler, & donner le temps à leurs piquets détachés & à leurs compagnies de Grenadiers, de les rejoindre.

D C L V I I I.

Lesdits Commandans de bataillons examineront s'il n'y manquera perfonne; & lorfque leur troupe fera en état, ils la ramèneront en bon ordre à leur camp, fans fouffrir que perfonne s'en détache pour y aller à l'avance.

D C L I X.

D C L I X.

L'Infanterie fera le nombre de gabions, de claies & de fafcines qui fera ordonné.

D C L X.

Les gabions & les claies qui feront fournis à la queuë de la tranchée, feront payés au prix qui aura été réglé, fur les reçûs qui en feront donnés par l'Officier chargé du détail de la tranchée, vifés de l'Ingénieur prépofé pour les recevoir; auquel il eft expreffément enjoint de rebuter tous ceux qui ne feront pas bien faits, & dans les proportions ordonnées.

D C L X I.

Les gabions feront de trois pieds de haut, y compris le bout des piquets, qui devra entrer en terre: ils auront deux pieds & demi de diamètre; & ils feront formés de neuf piquets, chacun de deux pouces à deux pouces & demi de tour, entrelaffés de menus branchages éfeuillés, avec lefquels ils feront également ferrés par le haut & par le bas, pour qu'ils ne s'évafent pas plus d'un bout que de l'autre.

D C L X I I.

Les claies auront fix pieds de long fur trois pieds de large, & feront faites de neuf piquets de deux pouces & demi à trois pouces de circonférence, efpacés également entre eux, & entrelaffés de branchages plus forts que ceux qui devront être employés pour les gabions.

D C L X I I I.

Les fafcines auront fix pieds de long fur dix pouces de diamètre: elles feront faites avec des branchages dont on recroifera les petits brins; elles feront liées avec des hards en trois endroits différens; & on lardera dans chaque fafcine trois piquets, chacun de trois pieds de long, fur deux à trois pouces de diamètre.

D C L X I V.

Les bataillons auront toûjours à la tête de leur camp, une quantité réglée de fafcines, qu'ils remplaceront, à mefure qu'elle fe confommera.

C c

D C L X V.

TOUT Soldat allant à la tranchée, soit pour la monter, soit pour y travailler, prendra en partant de son camp, une fascine qu'il laissera au dépôt à la queue de la tranchée, avant d'y entrer.

D C L X V I.

Travailleurs. LES gardes des Travailleurs, armés & non armés, de jour ou de nuit, soit devant ou dans une place assiégée, seront commandées par un tour particulier, commençant par la tête: les Majors auront soin d'en conserver le contrôle, afin de continuer ce tour au siége suivant, quelque mouvement que les régimens fassent, même d'une guerre à l'autre.

D C L X V I I.

LES Officiers absens reprendront leur tour de service aux Travailleurs; à l'exception de ceux qui auront été pris les armes à la main par les ennemis, lesquels seront dispensés de reprendre les tours qu'ils auront passés jusqu'au temps de leur échange; & de ceux qui auront été blessés, lesquels ne reprendront point non plus les tours qu'ils auront passés la première année de leur blessure, si pendant ce temps, elle les empêche de faire aucune autre fonction de leur état.

D C L X V I I I.

LES détachemens de Travailleurs seront toûjours de cinquante hommes (compris les deux Sergens & le Tambour) commandés par un Capitaine, un Lieutenant, & un Lieutenant en second ou Sous-lieutenant, lorsqu'il y en aura d'entretenus dans chaque compagnie.

D C L X I X.

CES détachemens seront commandés par régiment, suivant leur rang d'ancienneté, & de façon que tous les bataillons fournissent également.

D C L X X.

LES régimens qui feront de tranchée, qui la descendront, ou qui devront la monter le lendemain, ne fourniront point de Travailleurs; mais ils ne devront pas moins reprendre leur tour dans la suite du siége.

D C L X X I.

LE nombre des Travailleurs commandés sera fourni exactement : ils seront conduits par un Officier major de chaque régiment, au rendez-vous, où les Inspecteurs généraux & le Major général les verront quand ils le jugeront à propos ; & l'Officier préposé pour le détail du siége, les verra entrer à la tranchée, & les comptera.

D C L X X I I.

LES Travailleurs entrant à la tranchée, les Capitaines marcheront chacun à la tête de leur détachement, & le Lieutenant à la queue : on fera prendre à chaque Travailleur une pelle, une pioche & une fascine au dépôt ; & s'ils sont armés, ils y laisseront leurs armes avec un Soldat pour les garder.

D C L X X I I I.

LES Officiers & Sergens détachés avec les Travailleurs, prendront chacun au dépôt de la tranchée, en y arrivant, un pot en tête & une cuirasse ; & les Officiers généraux de tranchée ne souffriront point que ces Officiers & Sergens se dispensent jamais de prendre ces armes.

D C L X X I V.

CHAQUE détachement de Travailleurs arrivé à la queue de la tranchée, sera divisé, sans les séparer, en autant de parties qu'il y aura d'Officiers ou Sergens, afin que chacun d'eux étant chargé d'en contenir & faire travailler un plus petit nombre, il puisse y veiller plus efficacement ; ce qui ne dispensera cependant pas chacun d'eux, de donner attention aux autres parties du détachement, dont ils auront soin au défaut les uns des autres, comme de celles qui leur auront été plus particulièrement confiées.

D C L X X V.

LES Officiers détachés aux Travailleurs, se tiendront avec leurs détachemens où les Ingénieurs les auront placés, & observeront exactement ce qui leur aura été prescrit par eux.

DCLXXVI.

LORSQUE le travail sera établi, ils se promèneront continuellement le long de leur détachement pour faire travailler les Soldats, les obligeant à s'enterrer promptement, & à mettre ensuite leur ouvrage au meilleur état qu'il sera possible.

DCLXXVII.

SI dans la nuit il arrive une sortie, ou quelqu'autre évènement qui oblige les Soldats à quitter le travail, les Officiers se retireront avec eux dans quelque partie de la tranchée où ils ne puissent point embarrasser les troupes.

DCLXXVIII.

SI les Travailleurs avoient déposé leurs armes dans quelque endroit, ils s'y retireront par préférence, à moins que par des raisons particulières leurs Officiers ne leur aient indiqué un autre endroit.

DCLXXIX.

LORSQUE les Travailleurs se seront ainsi retirés, les Officiers auront soin de les compter pour connoître ceux qui manqueront, & les faire punir à leur retour au camp; & ils ramèneront leur détachement au travail, dès qu'on pourra le continuer.

DCLXXX.

L'HEURE de retirer les Travailleurs étant venue, les détachemens retourneront au camp en bon ordre, conduits par leurs Officiers, qui à leur retour rendront compte au Commandant du régiment, de la manière dont les Soldats de leur détachement se seront comportés.

DCLXXXI.

LES Travailleurs de tranchée qui auront été commandés à l'ordre, feront payés de leur travail sur le certificat des Ingénieurs qui les auront employés.

DCLXXXII.

QUAND les Officiers généraux de tranchée auront employé des Travailleurs d'augmentation, pris dans les bataillons de tranchée, les Ingénieurs leur donneront des billets certifiés desdits Officiers généraux.

DCLXXXIII.

DCLXXXIII.

Ces billets feront préfentés à l'Officier chargé de faire le détail de la tranchée, qui en rendra compte au Major général, afin qu'il comprenne ces Travailleurs fur l'état qu'il en doit former; fur lequel état lefdits Travailleurs feront payés en rapportant lefdits billets certifiés.

DCLXXXIV.

Les certificats & billets ci-deffus énoncés, feront remis à chaque détachement, lorfqu'il fortira de la tranchée.

DCLXXXV.

S'il arrive qu'un détachement de Travailleurs n'ait pas été fourni complet, il ne fera point donné de certificats à l'Officier qui aura commandé ce détachement; & cependant comme il eft jufte que les Soldats qui auront été réellement employés, reçoivent la récompenfe de leur travail, le Commandant du régiment aura foin de les faire payer, moitié fur les appointemens du Major du régiment, & moitié fur ceux du Capitaine qui aura marché avec le détachement compofé d'un moindre nombre d'hommes que celui qui aura été ordonné.

DCLXXXVI.

Outre les Travailleurs de tranchée, il y aura tous les jours un nombre fuffifant de petits détachemens de dix hommes chacun, commandés par un Sergent, qui feront pendant vingt-quatre heures aux ordres de l'Officier prépofé au détail du fiége.

Cet Officier les emploiera à raffembler les outils, à faire les différentes diftributions, à aller avec des brancards chercher les bleffés, & les rapporter au petit hôpital qui fera établi à la queue de la tranchée, & aux autres chofes qu'il jugera à propos.

Ces Travailleurs feront fournis par tous les bataillons de l'armée chacun à fon rang, ainfi que les Travailleurs de tranchée, & feront payés fur les états arrêtés par le Major général.

DCLXXXVII.

Il fera fourni aux fiéges, quand il en fera befoin, des Travailleurs détachés des bataillons de la ligne pour aider à la construction des batteries de canon & de mortiers, d'autres pour le service des sappes, & d'autres encore pour le service des mines.

DCLXXXVIII.

Si le Général juge à propos d'affecter quelques régimens ou bataillons pour ce service, ces régimens ou bataillons seront dispensés de faire tout autre service pour le siége, que celui de monter la tranchée à leur tour; ce qui n'empêchera pas que leurs compagnies de Grenadiers ne fournissent à leur rang (ainsi que les compagnies des Grenadiers des autres régimens) les Grenadiers auxiliaires dont on jugera à propos d'augmenter la tranchée.

DCLXXXIX.

Sergens commandés.

Dès le commencement de chaque siége, il y aura deux Sergens affectés pour demeurer pendant tout le temps de sa durée auprès du Commandant des Ingénieurs, un autre auprès de l'Ingénieur chargé du détail de la tranchée, & deux autres à chaque brigade d'Ingénieurs; & ces Sergens ne feront point d'autre service.

DCXC.

Magasins.

Lorsqu'une place sera prise d'assaut, les Officiers contiendront leurs Soldats, & empêcheront qu'ils ne se débandent pour piller, ou pour faire aucun tort ni violences dans les Eglises & Monastères d'hommes ou de filles, sous peine de la vie.

DCXCI.

Les blés, vins & autres munitions de bouche ou de guerre qui se trouveront dans les villes prises d'assaut, seront réservés pour les magasins de l'armée, & remis à ceux qui auront été chargés d'en faire la recherche.

DES CANTONNEMENS.

DCXCII.

Logement.

Lorsque l'on mettra l'armée en cantonnement ou dans des quartiers de fourrage, personne ne prendra d'autres lieux & logis que ceux qui leur auront été départis.

DCXCIII.

LES Maréchaux-des-logis de l'armée feront le logement *Des corps.* dans lesdits quartiers de cantonnement ou de fourrage; à leur défaut, les Majors de brigade se les répartiront entre eux selon la force de leurs brigades, & les distribueront ensuite aux différens corps dont elles seront composées.

DCXCIV.

LES uns & les autres observeront dans cet arrangement, de mettre toûjours ensemble tous les régimens de la même brigade, les bataillons du même régiment, & les compagnies du même bataillon; & lorsque ces logemens ne pourront être réunis, ils les établiront du moins le plus à portée qu'il sera possible.

DCXCV.

LES Soldats des mêmes compagnies seront mis de *Des Soldats* même ensemble, ou le plus près les uns des autres qu'il se pourra, dans des maisons ou granges qui seront marquées à cet effet; & on leur donnera la paille & le bois nécessaires pour se coucher & faire Ordinaire.

DCXCVI.

ON fera loger les Capitaines & autres Officiers, dans *Des Officiers.* les quartiers de leurs compagnies, afin qu'ils soient à portée de les contenir.

DCXCVII.

LE Commandant du quartier y aura le premier logement.

DCXCVIII.

LE Commissaire des guerres ayant la police des troupes du quartier, y sera logé immédiatement après le Commandant.

DCXCIX.

LORSQUE plusieurs brigades se trouveront dans un quartier, chaque Brigadier ou Commandant de brigade aura un logement de préférence dans le canton destiné à sa brigade.

DCC.

EN l'absence du Brigadier, on marquera pour loger

ſon équipage, un logis pareil à celui du Colonel qui ſera choiſi ſur toute la brigade.

D C C I.

LE logement du Major de brigade ſera le plus près qu'il ſe pourra de celui du Brigadier.

D C C I I.

CHAQUE Colonel commandant de régiment, aura un logement de préférence dans le canton de ſon régiment; & s'il y a deux Colonels dans le même régiment, le ſecond Colonel aura auſſi un logement de préférence dans le même canton.

D C C I I I.

LE Lieutenant-colonel aura, par préférence aux Capitaines, une chambre & ſix chevaux à couvert lorſqu'il ne ſera pas logé comme Commandant.

D C C I V.

APRÈS que les Soldats auront été établis, & les logemens de préférence choiſis, le reſte des maiſons du canton deſtiné à chaque bataillon, ſera réparti entre les Officiers dudit bataillon.

D C C V.

Officiers reſponſables des deſordres.

LES Officiers auront attention qu'il ne ſoit rien ôté des granges de leurs hôtes, & ne ſouffriront pas qu'on leur faſſe aucun tort dans leurs maiſons, jardins, clos, vignes & prés; à peine de répondre de tous les deſordres & dégâts qui pourroient y être faits, même des accidens du feu.

D C C V I.

CEUX qui quitteront leurs quartiers ſans permiſſion, ne ſeront pas moins reſponſables des deſordres commis en leur abſence, que s'ils y avoient été préſens.

D C C V I I.

Quartiers ſéparés.

SI le quartier qui ſera donné à un bataillon ne ſe trouve pas aſſez grand pour le contenir, de manière que l'on ſoit obligé d'en détacher quelques compagnies, les deux premières compagnies & celles des Grenadiers reſteront au quartier principal : le Capitaine de la troiſième compagnie du bataillon, ou à ſon défaut, le premier Capitaine après lui,

lui, ira avec fa compagnie commander dans l'autre quartier; & les autres compagnies tireront au fort leurs logemens.

DCCVIII.

Les Drapeaux de chaque bataillon refteront toûjours enfemble avec la première compagnie, quand même, par le peu d'étendue du quartier, les compagnies auxquelles ils feront attachés feroient obligées de fe féparer ; & en ce cas l'Officier chargé de porter le drapeau de la feconde compagnie, la fuivra & le laiffera aux Officiers qui refteront avec la première.

DCCIX.

Le Capitaine de Grenadiers reftera avec fa compagnie dans le quartier principal du bataillon; & ne pourra en retirer fa compagnie, ni la quitter, fous prétexte d'aller prendre le commandement d'un autre quartier.

DCCX.

Si le bataillon étoit divifé en de fi petits quartiers, qu'ils ne puffent contenir trois compagnies enfemble, la compagnie des Grenadiers reftera alors avec la première compagnie, par préférence à la feconde.

DCCXI.

L'Etat-major demeurera dans le quartier où fera la première compagnie.

DCCXII.

A l'arrivée des troupes dans le quartier, il fera publié, *Défenfes.* par l'ordre du Commandant, un ban, portant défenfes d'y commettre aucun defordre; à peine, aux Officiers, de concuffion, & aux Soldats & valets, de la vie.

DCCXIII.

Les limites jufqu'où les Soldats pourront aller, leur feront indiquées, avec défenfes de les paffer, fous les peines portées par les ordonnances contre les Déferteurs.

DCCXIV.

Il leur fera défendu, fous les peines portées par les ordonnances, de mettre l'épée à la main dans le quartier.

DCCXV.

Il leur fera pareillement défendu de fortir de leur

E e

quartier avec d'autres armes que leurs épées, supposé que le Commandant du quartier juge à propos de leur permettre de la porter dehors.

D C C X V I.

NUL ne pourra, sous peine de concussion, faire aucune espèce d'imposition dans le lieu où il sera en quartier, ni sur le pays, s'il n'y est expressément autorisé par l'Officier général, aux ordres duquel il sera.

D C C X V I I.

IL sera également défendu d'exiger des hôtes, dans les quartiers, le repas de l'arrivée, ou celui du départ, ni aucune autre chose que l'ustensile qui sera ordonné; à peine, aux Officiers, de concussion, & aux Soldats, d'être punis suivant la rigueur des ordonnances.

D C C X V I I I.

PERSONNE ne pourra employer à son usage, les chevaux ni les voitures des habitans du quartier où sa troupe se trouvera.

S'il est nécessaire d'en faire marcher pour le service, ou pour aider quelqu'Officier qui en auroit réellement besoin, le Commandant du quartier en donnera l'ordre par écrit.

D C C X I X.

Gardes. LE Commandant du quartier y établira une garde de jour & de nuit, tant pour la sûreté du quartier, que pour y empêcher le desordre; pour laquelle garde il sera fourni par la communauté, une ou deux chambres au rez-de-chauffée sur la place, avec les quantités de bois & de chandelles, réglées par les ordonnances, suivant le nombre d'hommes dont cette garde sera composée.

D C C X X.

IL établira aussi des gardes aux barrières, & autres endroits où il les jugera nécessaires, selon la proximité de l'ennemi.

D C C X X I.

SI le quartier étoit exposé, aussi-tôt que les troupes y seront établies, il les fera travailler à se retrancher, & à se mettre à couvert au moins d'un coup de main; & il y ordonnera des rondes & des patrouilles, suivant la nature du poste, sur-tout s'il y a des magasins.

D C C X X I I.

ON fera fournir aux gardes qui seront établies aux barrières, ou autre espèce de retranchement, du bois pour se chauffer, & quelques perches & travers, avec de la paille pour y faire des abrivents.

D C C X X I I I.

SI on ne peut faire fournir le bois nécessaire pour les chambrées des Soldats, & pour les feux des gardes, on en fera couper aux Soldats, qui seront conduits à cet effet en bon ordre.

D C C X X I V.

Rendez-vous.

A l'arrivée des troupes, on marquera un lieu ou plusieurs, suivant l'étendue du quartier, dans lesquels les troupes auront à se rendre en cas d'alarme, de feu, ou de Générale battue à l'improviste.

Les Commandans des corps iront reconnoître ces endroits, & auront soin que tous les Officiers & Soldats soient instruits des lieux que chacun d'eux devra occuper.

D C C X X V.

Compagnie de Grenadiers.

LES compagnies de Grenadiers ne feront point d'autre service dans les quartiers, que les détachemens & les patrouilles; à moins qu'il n'y eût quelque poste de conséquence, où le Commandant jugeroit à propos de leur faire monter la garde.

D C C X X V I.

Commandement.

LE Colonel d'un régiment, & le Lieutenant-colonel en son absence, en commanderont toutes les compagnies, quoique séparées en différens quartiers.

D C C X X V I I.

LES Commandans de bataillon commanderont pareillement toutes les compagnies de leurs bataillons, quoiqu'elles ne soient pas réunies dans le même quartier.

D C C X X V I I I.

TOUT Commandant de bataillon, ou Capitaine qui

se trouvera commander, par accident, un régiment ou un bataillon dont les compagnies seront divisées, restera en résidence au quartier de son bataillon ou de sa compagnie.

DCCXXIX.

IL se fera rendre compte de ce qui se passera dans les autres quartiers du régiment ou du bataillon qu'il commandera, & y enverra les ordres qu'il jugera nécessaires pour la discipline générale du corps; sans cependant rien changer aux dispositions qui auront été faites ou ordonnées par le Colonel & le Lieutenant-colonel.

DCCXXX.

IL visitera de temps en temps lesdits quartiers, & il commandera dans tous ceux où il se trouvera.

DCCXXXI.

LES ordres concernant le régiment ou le bataillon, étant adressés au quartier de l'Etat-major, seront ouverts en l'absence du Commandant, par l'Officier chargé du détail, qui s'y trouvera; lequel les enverra audit Commandant, pour pourvoir à leur exécution, à moins qu'ils ne fussent pressés; auquel cas, il les fera passer tout de suite à ceux qu'ils concerneront, & en rendra compte aussi-tôt au Commandant du régiment ou du bataillon, en quelque quartier qu'il se trouve.

DCCXXXII.

LES Majors se tiendront habituellement dans le quartier où sera la première compagnie du régiment; lorsqu'ils iront dans les autres quartiers pour les fonctions de leur charge, ils commanderont dans tous ceux où il n'y aura point de Capitaine plus ancien qu'eux; dans les autres, lorsqu'ils voudront voir les compagnies, soit pour connoître leur état ou pour les exercer, ils demanderont au Commandant du quartier la permission de leur faire prendre les armes, & il ne pourra la leur refuser.

DCCXXXIII.

Fourrages. LES fourrages appartiendront aux compagnies dans

les

les cantons defquelles ils fe trouveront, à moins qu'il n'en
foit autrement ordonné; & ceux qui commanderont dans
le quartier auront foin de les faire partager également
entre les Officiers.

DCCXXXIV.

LORSQUE les troupes délogeront d'un quartier, après
qu'elles en feront forties le Commandant fera détacher
quelques Officiers & Soldats, pour voir s'il n'y reftera
perfonne defdites troupes, & faire éteindre les feux qui
ne le feroient pas; Sa Majefté voulant qu'il foit refponfable
des dommages qui arriveroient, faute d'avoir pris cette
précaution.

Sortie du quartier.

DES TROUPES
qui marchent en campant dans le Royaume.

DCCXXXV.

LORSQUE le Roi ordonnera qu'une troupe ou plufieurs marchent dans le royaume en campant, outre le
fervice ordonné pour les marches d'armées & les camps
de guerre, l'intention de Sa Majefté eft qu'on y ajoûte
les précautions qui font expliquées ci-après.

DCCXXXVI.

LE quart des Officiers de chaque bataillon, commandés par un des quatre premiers Capitaines, fera de garde
au camp pendant vingt-quatre heures; Sa Majefté trouvant
bon que le Commandant & les trois autres quarts des
Officiers foient logés.

DCCXXXVII.

LES Officiers de garde auront leurs chevaux prêts à
monter, pour fe porter dans les villages & autres endroits
voifins où les Soldats pourroient fe répandre, & les obliger
d'en fortir; ne devant leur être permis d'aller que dans le
lieu près duquel ils feront campés.

F f

DCCXXXVIII.

LESDITS Officiers feront refponfables des defordres qui fe commettront pendant le temps de leur garde.

DCCXXXIX.

LORSQUE le Major ira au campement, il mènera avec lui les gardes néceffaires pour le camp : il fera en arrivant le tour du quartier, & mettra des fentinelles aux jardins, haies & autres lieux où on pourroit faire du defordre.

DCCXL.

IL fera prendre par compte les pailles, bois & four-rages qui auront été préparés à portée du camp, & les fera garder jufqu'à ce que la diftribution puiffe en être faite à l'arrivée de la troupe.

DCCXLI.

IL fera mis un corps-de-garde dans le lieu où les Officiers feront logés, un autre à vingt pas de la tête du camp, & un autre à vingt pas derrière, tous commandés par des Officiers.

DCCXLII.

LES Officiers feront porter les tentes fur un chariot, qui fera fourni dans les lieux de paffage, & payé fuivant l'Ordonnance : mais les bâtons & piquets feront portés par les Soldats, comme à l'armée, fous peine de prifon ; & s'ils en coupent dans les bois ou ailleurs, ils feront arrêtés pour être punis, & le dommage payé par le ré-giment.

DES CAMPS DE PAIX
& d'Exercices.

DCCXLIII.

LORSQUE Sa Majefté fera camper fes troupes pour les exercer en temps de paix, & y maintenir la difcipline, elles feront le fervice auffi exactement que fi elles étoient dans les armées en préfence de l'ennemi.

DCCXLIV.

SA MAJESTÉ trouve bon que les Brigadiers des *Logement.* troupes qui formeront ces camps, soient logés, autant que faire se pourra; mais Elle ne veut point qu'ils changent les logemens qui leur auront été marqués par le Maréchal général des logis, ou par les Fourriers du camp, pour aller s'établir ailleurs.

DCCXLV.

LES Colonels qui ne seront point Brigadiers, camperont régulièrement, ainsi que les autres Officiers, à leurs régimens & compagnies.

DCCXLVI.

LES Majors de brigade camperont pareillement, si les Fourriers ne leur ont pas marqué de logement, dans le terrein de leur brigade.

DCCXLVII.

SI un Officier s'absente du camp sans congé de Sa *Absences.* Majesté, il sera mis en prison; & il en sera rendu compte au Secrétaire d'état ayant le département de la guerre.

DCCXLVIII.

A l'arrivée des troupes au camp, on fera battre des *Défenses.* bans pour publier les mêmes défenses concernant la chasse, la pêche, les jeux & autres qui doivent être faites dans les camps de guerre; auxquelles on ajoûtera encore celles qui suivent, sous les peines portées par les ordonnances, ou celles qui seront ordonnées par le Général commandant le camp, s'il croit devoir en infliger de plus sévères.

DCCXLIX.

IL sera défendu à qui que ce soit de rien prendre dans les maisons voisines du camp, ni dans quelqu'autre lieu que ce puisse être; de cueillir aucuns fruits, herbages ni légumes dans les jardins ni dans les champs; de couper aucun arbre fruitier ou autre, ni aucune haie, ni d'entrer dans les vignes : le tout sous quelque prétexte que ce puisse être.

D C C L.

Il sera très-expressément défendu aux Soldats, de passer les gardes établies autour du camp, sans un congé dans la forme prescrite par les Ordonnances; & ceux qui se trouveront hors des gardes, sans même y faire aucun desordre, seront arrêtés & punis comme Déserteurs, ou comme voleurs, s'ils se trouvent avoir commis quelque desordre.

D C C L I.

Les Colonels & Commandans des corps ne pourront permettre à aucun Soldat de passer les gardes du camp, à moins que les congés qu'ils leur donneront ne soient approuvés du Général qui les fera viser, quand Il le jugera à propos, par le Major général de l'Infanterie, ou un des Aide-majors généraux.

D C C L I I.

S'il arrivoit qu'on arrêtât aux environs du camp quelque Soldat qui eût découché, sans que son Capitaine en eût averti, le Capitaine sera interdit, & payera le desordre fait par le Soldat arrêté; & le Commandant du régiment sera mis aux arrêts.

D C C L I I I.

Le Prevôt du camp, ainsi que les Prevôts & autres Officiers de Maréchauffée, dont les résidences seront dans le voisinage du camp, arrêteront tous ceux qu'ils rencontreront hors desdites gardes.

D C C L I V.

Les Maires, Echevins & habitans des villes & lieux qui seront dans les environs du camp, arrêteront de même tous ceux qui s'y présenteront, & les garderont prisonniers jusqu'à ce que le Prevôt du camp, sur l'avis qu'ils lui en donneront, les envoie prendre pour les conduire au camp, & les faire punir selon qu'ils l'auront mérité.

D C C L V.

Il sera défendu à tous Soldats, Vivandiers, valets & autres,

autres, tels qu'ils foient, de mettre l'épée à la main dans le camp ou dans le quartier général & les environs.

DCCLVI.

Il fera défendu à tous Soldats d'avoir aucune balle ni plomb à giboyer, ou moule pour en couler.

DCCLVII.

En arrivant au camp, les Officiers feront en préfence des Commandans des corps, la vifite la plus exacte des armes & équipages des Soldats de leurs compagnies; feront décharger lefdites armes avec un tire-bourre, ou fi cela ne fe peut, les feront tirer devant eux, en prenant toutes les précautions néceffaires pour qu'il n'en arrive point d'accident; & ils prendront toutes les balles & autre plomb que les Soldats pourront avoir.

DCCLVIII.

Lorsque le camp fe féparera, les Officiers rendront exactement à leurs Soldats le plomb qu'ils leur auront ôté.

DCCLIX.

Lorsque l'on affemblera les détachemens deftinés pour les gardes du camp, des magafins & des prifonniers, il fera donné trois balles à chaque Soldat commandé pour lefdites gardes, par le Sergent de la compagnie, qui aura l'attention la plus exacte à fe faire rendre ces balles au retour du détachement.

DCCLX.

Il fera défendu à tous les Marchands qui fe trouveront au quartier général, d'avoir dans leurs boutiques aucunes balles, ni d'en vendre à qui que ce foit; à peine de confifcation & de cent livres d'amende, applicables au Prevôt du camp.

DCCLXI.

Il fera fait pareillement défenfes aux Marchands des villes & villages des environs, de vendre des balles ni d'autre plomb aux Soldats, ni même aux valets des troupes.

G g

DCCLXII.

ON ne fouffrira dans le camp ni ailleurs dans l'enceinte des gardes, aucunes femmes ni filles publiques & de mauvaife vie: toutes celles qui feront reconnues pour telles, feront arrêtées & punies du fouet, & enfuite conduites dans les prifons des villes les plus prochaines du camp, pour y refter au moins jufqu'à ce que les troupes du camp foient toutes parties & éloignées de plufieurs journées de marche.

DCCLXIII.

IL fera défendu à tous Soldats de fe traveftir ni de porter d'autres habits que les uniformes des régimens dont ils feront, même de retourner leur jufte-au-corps, fous quelque prétexte que ce puiffe être, ni de prêter leurs habits uniformes aux Cavaliers, Dragons & Soldats des autres régimens.

DCCLXIV.

IL fera défendu très-expreffément à tous Soldats, valets & autres, de prendre quoi que ce foit aux payfans & autres perfonnes qui apporteront des vivres & autres denrées au camp, d'aller au-devant d'eux, foit pour prendre ces vivres en les taxant arbitrairement, ou pour les choifir avant qu'ils foient arrivés au lieu qui fera défigné pour fervir de marché, ou pour quelque caufe & prétexte que ce puiffe être.

DCCLXV.

L'INTENTION de Sa Majefté étant que la préfente Ordonnance foit exécutée avec la plus grande exactitude, nonobftant ce qui y eft porté de contraire aux précédentes ordonnances, auxquelles Elle a dérogé & déroge pour ce regard feulement; Elle veut & entend que tous les Officiers de fes troupes d'Infanterie, tant françoife qu'étrangère, s'y emploient chacun en ce qui les concerne; chargeant expreffément les Majors de fes régimens, de rendre compte aux Majors & Aide-majors généraux de fes armées, de ce qui pourroit fe faire ou être ordonné de contraire; & ceux-ci d'en informer les Généraux de ſes armées, & le Secrétaire d'état ayant le département de la guerre.

MANDE & ordonne Sa Majeſté aux Généraux commandant en chef ſes armées, aux Officiers généraux & autres employés en icelles, & à tous autres ſes Officiers & ſujets qu'il appartiendra, de tenir la main à l'exécution de la préſente Ordonnance, laquelle ſera lûe & publiée à la tête des troupes de ſon Infanterie françoiſe & étrangère, à ce que perſonne n'en puiſſe prétendre cauſe d'ignorance. FAIT à Verſailles, le dix-ſept février mil ſept cent cinquante-trois. *Signé* LOUIS. *Et plus bas,* M. P. DE VOYER D'ARGENSON.

www.ingramcontent.com/pod-product-compliance
Lightning Source LLC
LaVergne TN
LVHW012007180726
843502LV00005B/1594